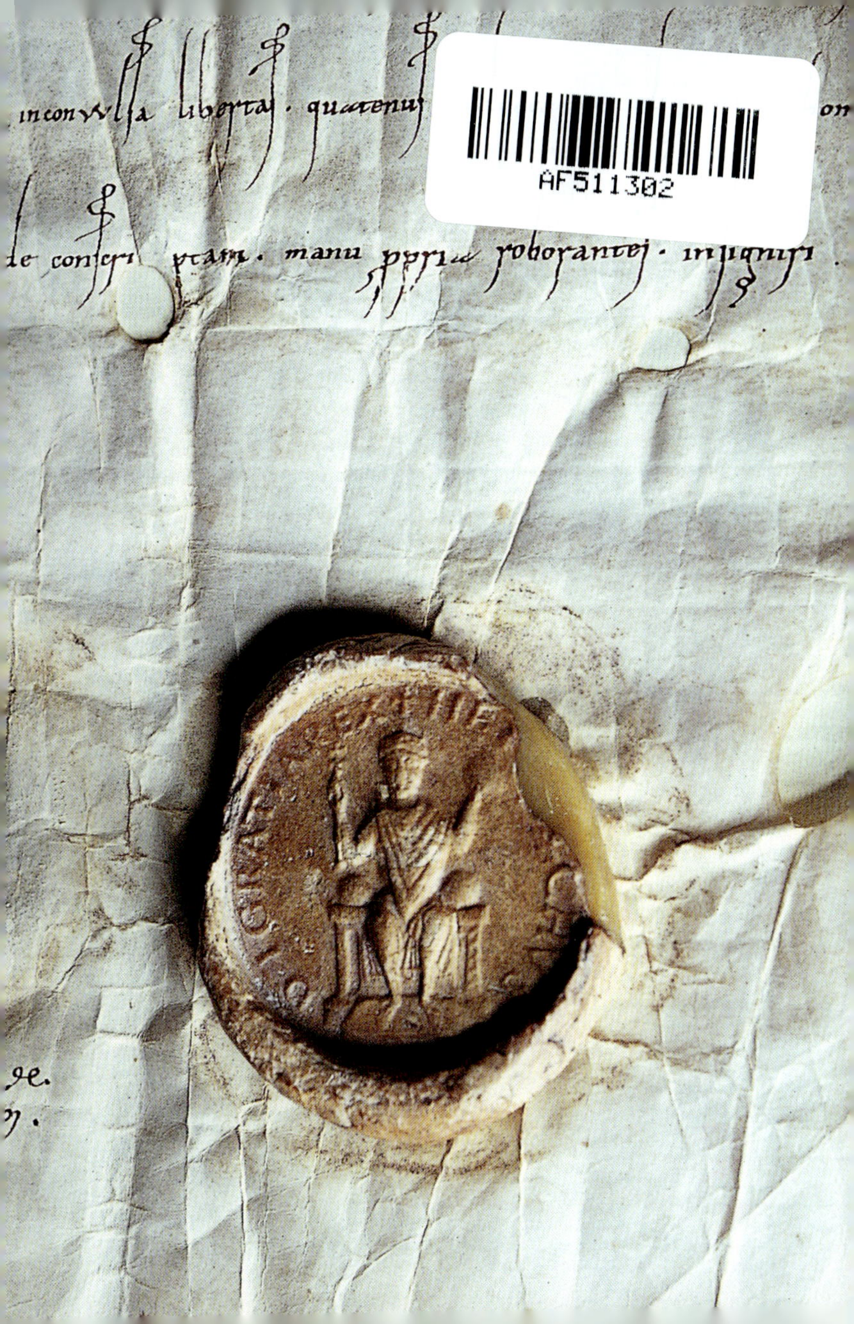
inconvulsa libertas · quatenus
de conscri ptam · manu ppria roborantes · insigniri

Bemühungen Bischof Heinrichs von Minden verhinderte, das Kanonissenstift in ein Mönchskloster umzuwandeln. Darüber hinaus wurde das Bestattungsrecht für Adlige beiderlei Geschlechts in der Stiftskirche gewährt, was besonders von den Angehörigen des schaumburgischen Grafenhauses genutzt wurde.

Trotz weiterer Schutzurkunden, die sich das Stift in den folgenden Jahrhunderten von Päpsten und Königen ausstellen ließ, konnte der langsame und unmerkliche Verlust der Reichsfreiheit des Stifts und die Vereinnahmung durch die schaumburgische Landeshoheit nicht verhindert werden. Auch die Einflussnahme der Mindener Bischöfe auf das religiöse Leben im Stift nahm zu. Kanonissenstifte ohne feste Regeln existierten zu dieser Zeit nur noch im sächsischen Gebiet und wurden – von der Kurie mit Argwohn betrachtet – im Verlauf des 13. Jahrhunderts fast ausnahmslos in regulierte Klöster umgewandelt. Um 1260 wurde auch das bis dahin freie Kanonissenstift wohl auf Druck der Kurie in ein Stift für Augustiner-Regularkanonissen umgewandelt.

Eine weitere monastische Reform führte um 1450 die bedeutende Äbtissin Ermegard von Reden (1452–1482) im Sinne der von der Windesheimer Kongregation ausgehenden Bewegung der devotio moderna durch. Die Reform des Klosterlebens führte zur Wiederaufnahme des Chordienstes, zur Einführung einer strengen Klausur sowie zur vita communis der Nonnen und brachte dem Kloster offensichtlich einen großen Zulauf. Für die Reform war der Windesheimer Augustinermönch Johannes Busch zuständig, der nach seiner 1455 durchgeführten Visitation Fischbeck als blühendes Kloster beschreibt, in dem 24 Nonnen *aus vollem Herzen und mit lautem Schall Gottes Lob ertönen ließen*. Um eine Verbesserung der Vermögensverhältnisse des Stifts zu erreichen, ließ Ermegard von Reden im Jahre 1469 die Pfarrkirche inkorporieren, wodurch das Stift über die Güter und Einkünfte der Fischbecker Kirche verfügen konnte. Da das Stift das Patronatsrecht ausübte, konnte es auch seinen Einfluss bei der Auswahl der Geistlichen verstärken.

Nach dem Tod Ermegards von Reden führten Bischof Heinrich von Minden und Graf Erich III. zu Holstein und Schaumburg 1485 gegen den Einspruch der Fischbecker Konventualinnen die sehr viel strengere Augustinerregel ein.

Lutherischer Gottesdienst wurde während der Amtszeit der Äbtissin Katharina von Rottorp (1556–1580) auf Veranlassung von Graf Otto IV. zu Holstein und Schaumburg erstmals zu Pfingsten 1559 gehalten. Der anfängliche

Epitaph der Äbtissin Katharina von Rottorp im Kreuzgang

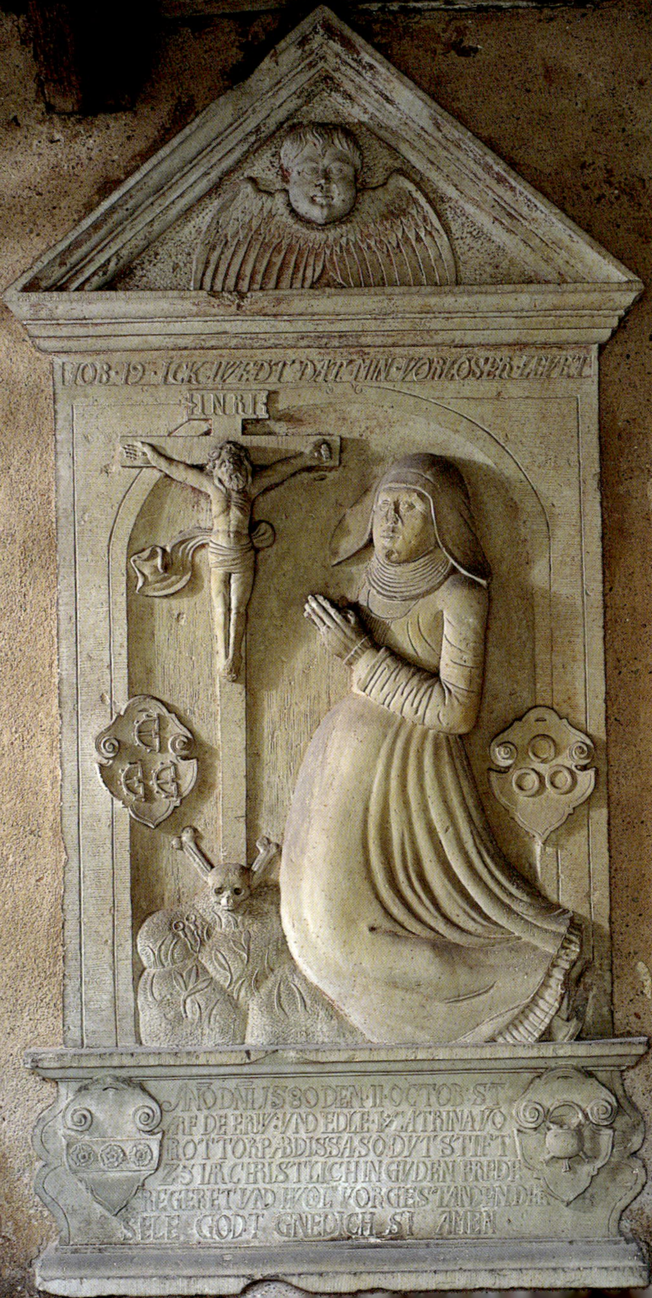
IOB · 19 · ICK WEDT DAT MIN VORLOSER LEVET
INRI
ANO DNI 1580 DEN 11 OCTOB ST
AF DE ERW UND EDLE KATRINA VO
ROTTORP ABDISSA SO DUT STIFT
23 IAR CRISTLICH IN GUDEN FREDE
REGERET UND WOL VORGESTANDEN DER
SELE GODT GNEDICH SI AMEN

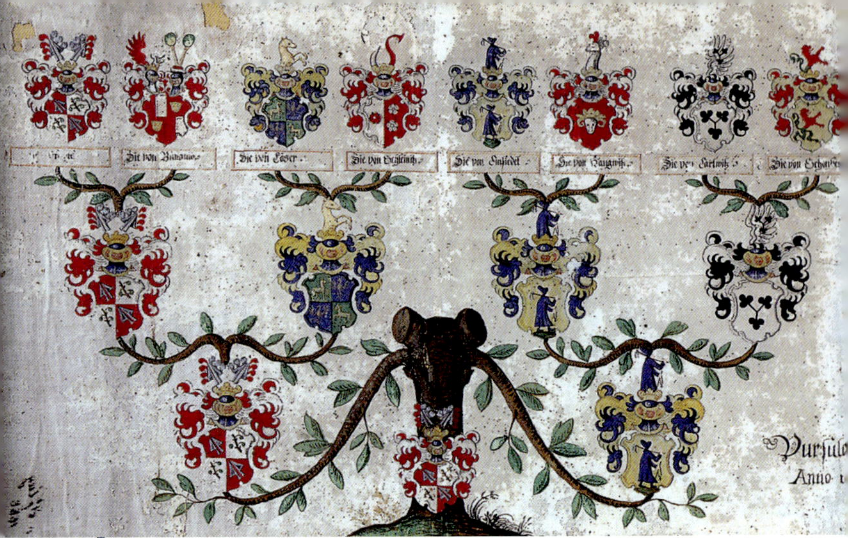

Ahnentafel der Kapitularin Ursula von Pflug von 1668

Widerstand gegen die Reformation, der aus der Angst vor der Aufhebung des Stifts und dem Verlust der Existenzgrundlage der Konventualinnen resultierte, wurde durch einen 1566 mit den Ständen der Grafschaft Schaumburg geschlossenen Vertrag entschärft, in dem sich Graf Otto zum Erhalt der beiden schaumburgischen Stifte Fischbeck und Obernkirchen verpflichtete.

Ein 1602 mit Graf Ernst III. zu Holstein und Schaumburg geschlossener Vergleich über die Unabhängigkeit des Stifts bei gleichzeitiger Anerkennung der schaumburgischen Landesherrschaft sicherte Fischbecks Existenz als evangelisches Damenstift für die nächsten Jahrhunderte. Die im Vertrag festgelegte freie Wahl der Äbtissin blieb fortan verbrieftes Recht des Kapitels. Aufnahmebedingung für ausnahmslos evangelische Bewerberinnen wurde die sogenannte Stiftsfähigkeit – der Nachweis von sechzehn ritterbürtigen Ahnen. Ältestes erhaltenes Zeugnis dieser Bestimmung ist die im Kapitelsaal der Abtei ausgestellte Ahnentafel der Kapitularin Ursula von Pflug von 1668.

Im Dreißigjährigen Krieg erlitt das Stift 1625 schwere Schäden durch plündernde kaiserliche Truppen unter Graf Tilly. Äbtissin Agnese von Mandelsloh (1587–1625) verlor bei der Verteidigung des Stifts ihr Leben. 1629 wurde das

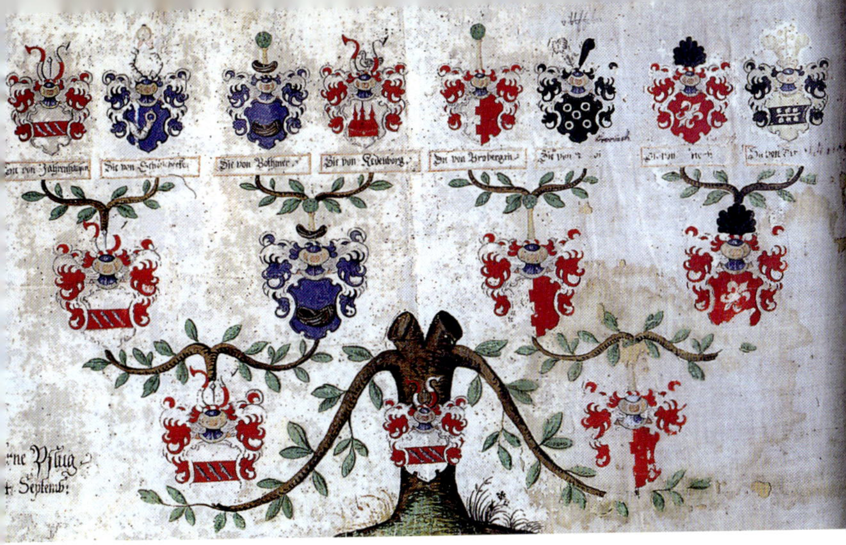

Stift nach den Bestimmungen des kaiserlichen Restitutionsediktes vorübergehend rekatholisiert.

Eine Folge des Aussterbens der Schaumburger Grafen im Jahre 1640 war die im Friedensvertrag von Osnabrück 1648 festgelegte schaumburgische Landesteilung, aus der die Grafschaften Schaumburg-Lippe und Hessen-Schaumburg hervorgingen. Der hessische Teil der Grafschaft Schaumburg wurde mit der Landgrafschaft Hessen-Kassel in Personalunion verbunden. Die reformierte Landgräfin Amalie Elisabeth bestätigte 1649 die Rechte des Stifts und die Unantastbarkeit der lutherischen Konfession.

Eine Aufwertung seiner gesellschaftlichen Stellung erfuhr das Stiftskapitel durch die Verleihung eines Stiftsordens, den Landgraf Wilhelm IX. von Hessen-Kassel (1743–1821) den Kapitularinnen 1786 stiftete. Die Stiftsorden, die aus einem Ordenskreuz am Schulterband und einem an der linken Schulterseite zu tragenden Ordensstern bestehen, werden auch heute noch zu besonderen Anlässen getragen.

Während des Siebenjährigen Krieges musste das Stift 1757 zwar französische Einquartierung erdulden, trug jedoch keinen größeren Schaden davon.

Eine schwere Bedrohung brachten dagegen die napoleonischen Kriege. Holländische Truppen plünderten das Stift und zwangen 1806 Äbtissin und Kapitularinnen zur Flucht nach Rinteln. Die am 1. Dezember 1810 von Jerôme, König von Westphalen, befohlene Aufhebung aller geistlichen Stifte betraf auch Stift Fischbeck, das dabei sein gesamtes Vermögen verlor. Erst nach der Niederlage Napoleons konnte Kurfürst Wilhelm I. am 23. September 1814 das Stift wieder in seinen alten Stand einsetzen. 1831 wurden Schutzbestimmungen für das Stift in die Verfassungsurkunde für Kurhessen aufgenommen.

1866 fiel die ehemalige Grafschaft Schaumburg gemeinsam mit Kurhessen an Preußen. Stift Fischbeck gehörte seither zur preußischen Provinz Hessen-Nassau. Die 1888 erneuerten Stiftsstatuten wurden von Kaiser Wilhelm II. persönlich genehmigt, der im Jahre 1904 auch die Schirmherrschaft über das Stift übernahm. Von 1889 an wurde der jeweilige Landrat des Kreises Grafschaft Schaumburg als landesherrlicher Kommissar für das Stift bestellt. Seit 1946/49 nimmt der Präsident der Klosterkammer Hannover die Aufgaben eines Niedersächsischen Landeskommissars für das Stift Fischbeck wahr.

Heute, mehr als ein Jahrtausend nach der Gründung, leben in Fischbeck nach wie vor Frauen in christlicher Gemeinschaft. Stiftsdamen unterschiedlicher Biographie und sozialer Herkunft finden sich – zumeist nach Beendigung ihres Berufslebens – zu neuen Aufgaben im kirchlichen, sozialen und kulturellen Bereich zusammen, die nach individueller Neigung erfüllt werden können. Der Hauptakzent liegt auf der Traditionspflege – der Bewahrung von Stiftsgebäuden und Kirche, der historischen und kunsthistorischen Erläuterung der überkommenen sakralen Stätten – sowie auf der Weiterführung des hier seit tausend Jahren gelebten christlichen Glaubens.

Abbildung Seite 10/11: Ansicht der Stiftskirche von Norden

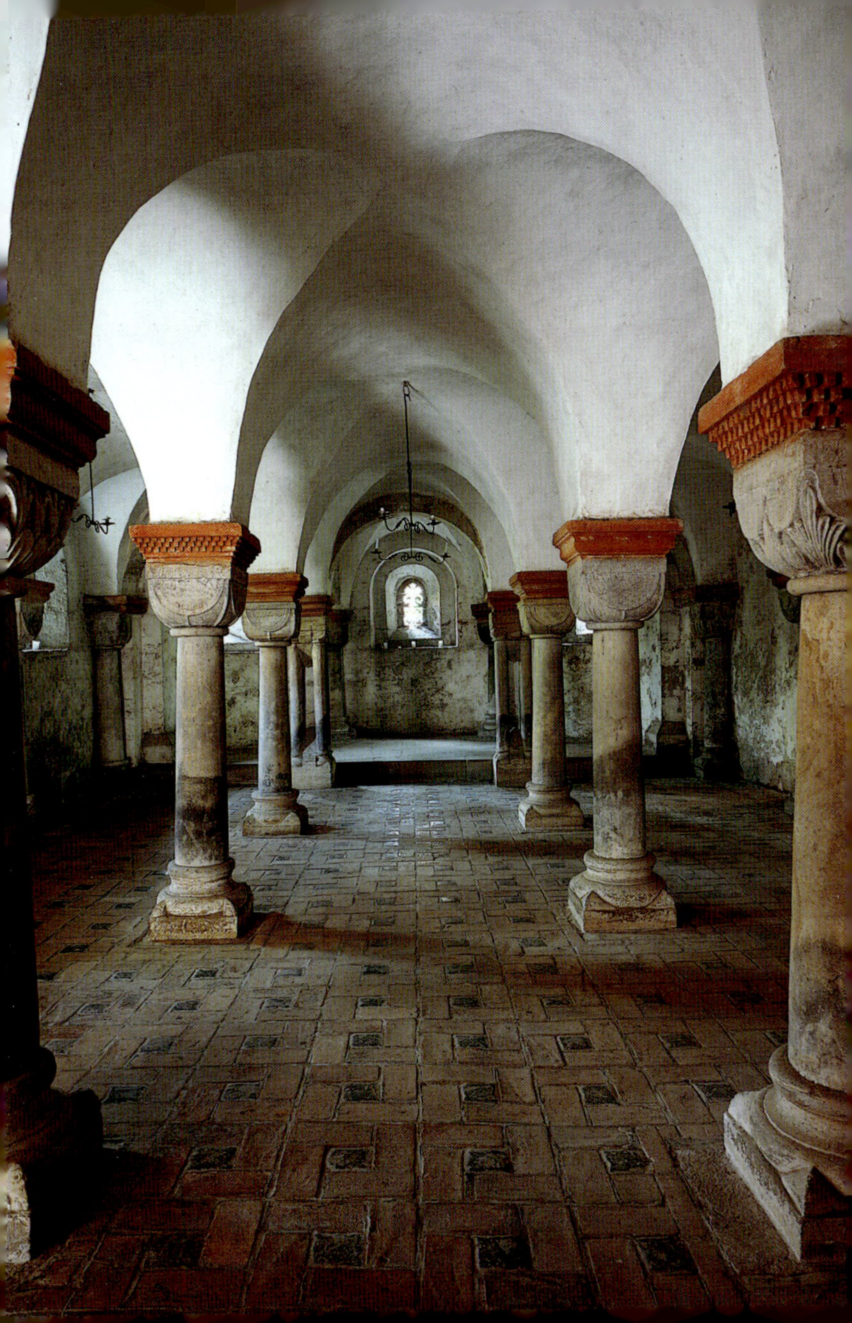

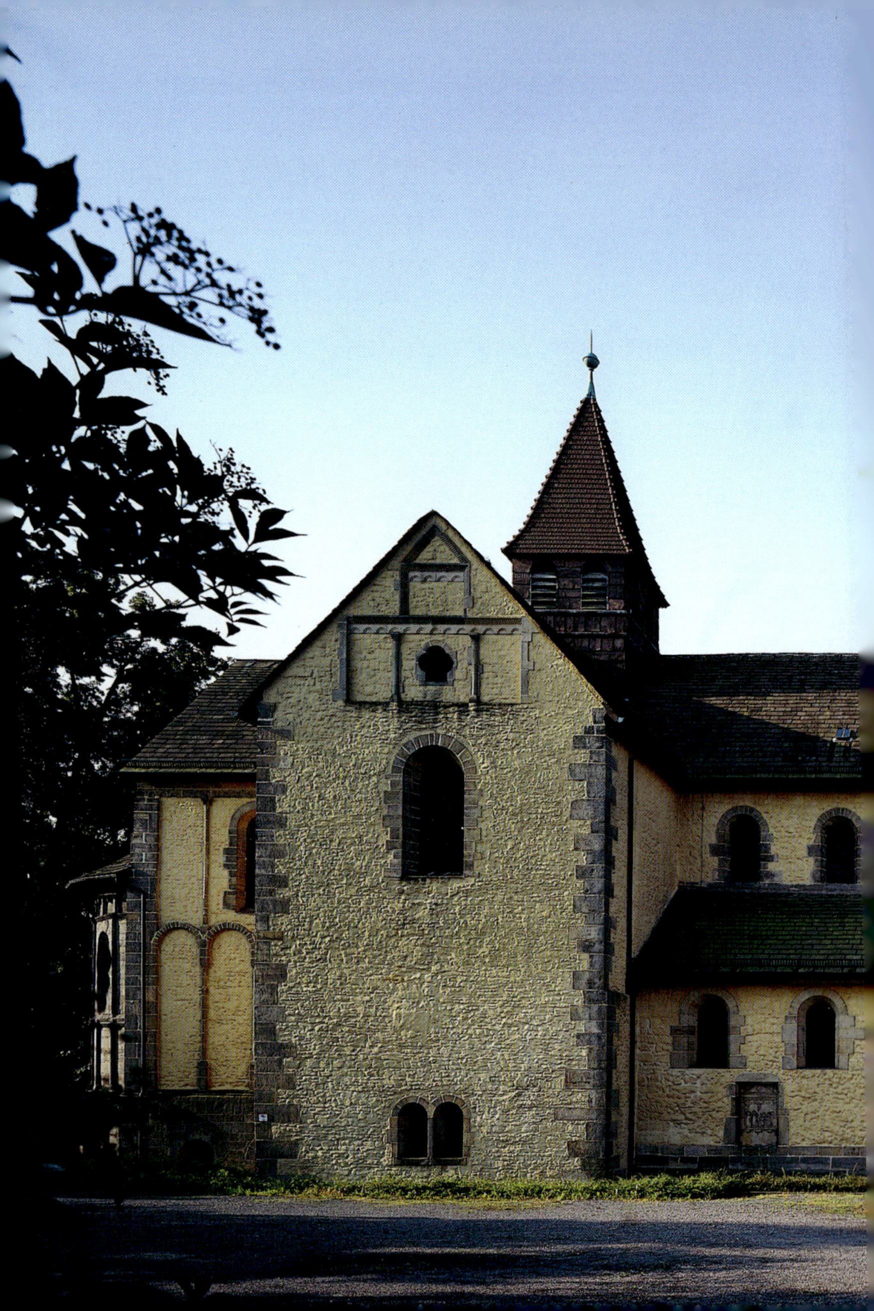

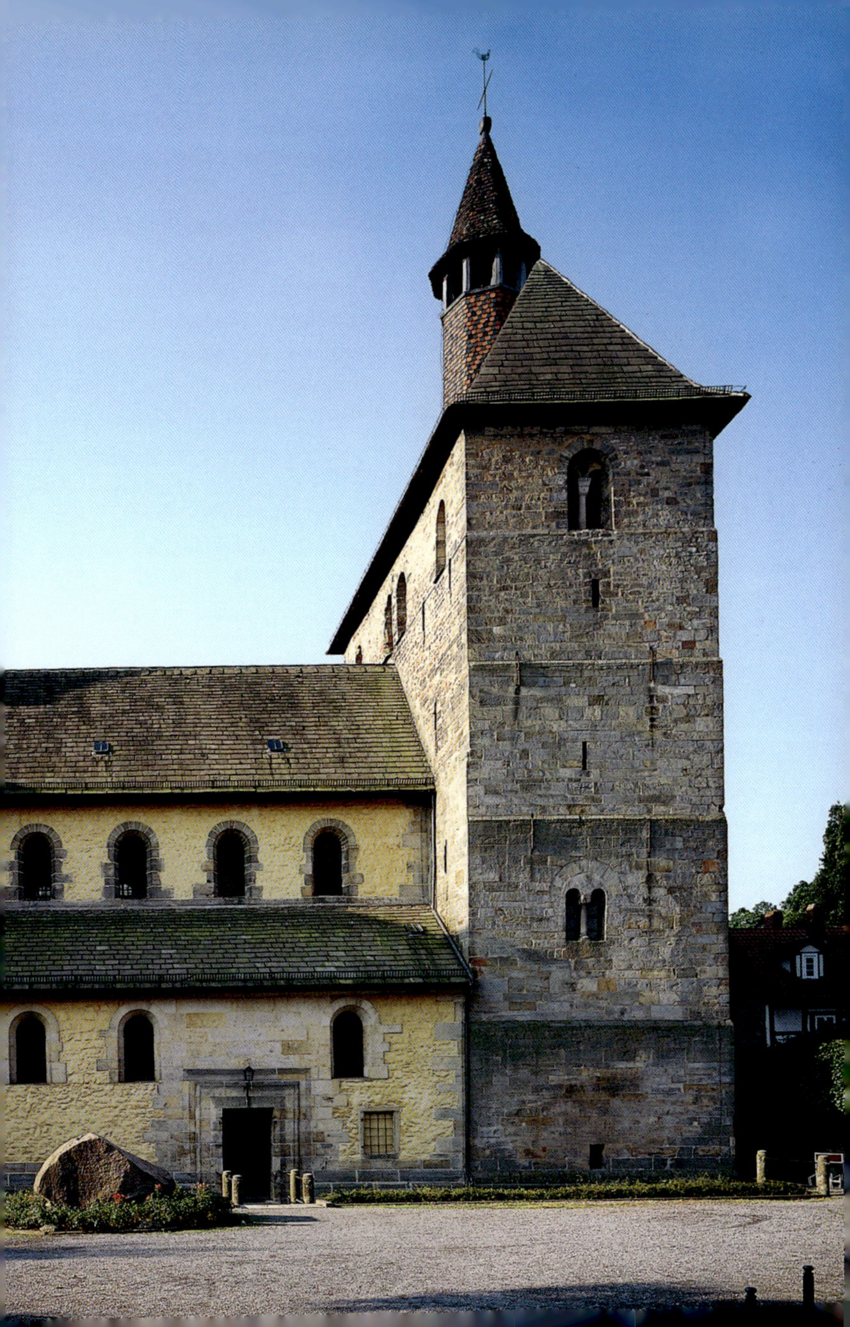

Baubeschreibung der Stiftskirche

Außenbau

Die Stiftskirche entstand im frühen 12. Jahrhundert als dreischiffige flachgedeckte **Kreuzbasilika** mit Westriegel und Krypta. 1234 wurden Kirche, Kreuzgang und anliegende Stiftsgebäude durch einen Brand beschädigt. Die anschließenden Erneuerungsarbeiten zogen architektonische Veränderungen vor allem an Chor und Langhaus nach sich. Die Neuweihe fand 1254 statt.

Die basilikale Anlage der Kirche mit niedrigen Seitenschiffen vor einem erhöhten Langhaus, einem kurzen Querschiff und daran anschließendem Chor mit halbrunder Apsis ist am besten von Norden her erfassbar. Reste des Gründungsbaues werden in den Querschiffsmauern und eventuell in den Fundamenten von Langhaus und Chorquadrat vermutet, womit sich auch das fehlende Sockelgesims an Chorquadrat und Querschiff erklärt.

Im Westen schließt sich als eigenständiger Baukörper – durch eine Baufuge vom Langhaus getrennt – der Westriegel an. Apsis, Sockel des Chorquadrats und Westriegel sind in Quadermauerwerk errichtet, Langhaus, Chor oberhalb des Sockels und Querschiff dagegen in verputztem Bruchsteinmauerwerk mit Eckquadern.

Querschiff und Langhaus haben keine Baudekorationen aufzuweisen. Das schlichte Nordportal mit rechteckigem Türsturz wird von einem umlaufenden Sockel gerahmt. Auffallend ist das Fehlen eines Tympanons an diesem einzigen der Öffentlichkeit zugewandten Portal. Lediglich Chor und Apsis – beide im Wesentlichen nach dem Brand von 1234 errichtet – sind durch reiche Gliederung und eine Dekoration von stabähnlicher Arkatur hervorgehoben. Die Apsis ist durch eine differenzierte Gliederung in vier horizontale Abschnitte geteilt, für die Vorbilder in der rheinischen Romanik zu finden sind. Bemerkenswert sind die länglichen Sechspassfenster der Apsis, vergleichbar den rheinischen Schlüsselloch- oder Fächerfenstern. Im Chorgiebel sind als Spolien Säulen und Friese vermauert, die wohl aus dem Gründungsbau stammen.

Der etwa Mitte des 12. Jahrhunderts als letzter Bauteil errichtete, den Gesamteindruck der Kirche prägende Westriegel besteht aus Quadermauerwerk und ist durch Gesimse in fünf Geschosse mit spärlichen Lichtöffnungen gegliedert. Die Kantensäulen am Gewände des großen rundbogigen Portals gehören zu den wenigen Schmuckformen der Kirche. Die Westvorhalle in

Außenansicht der Apsis von Nordosten

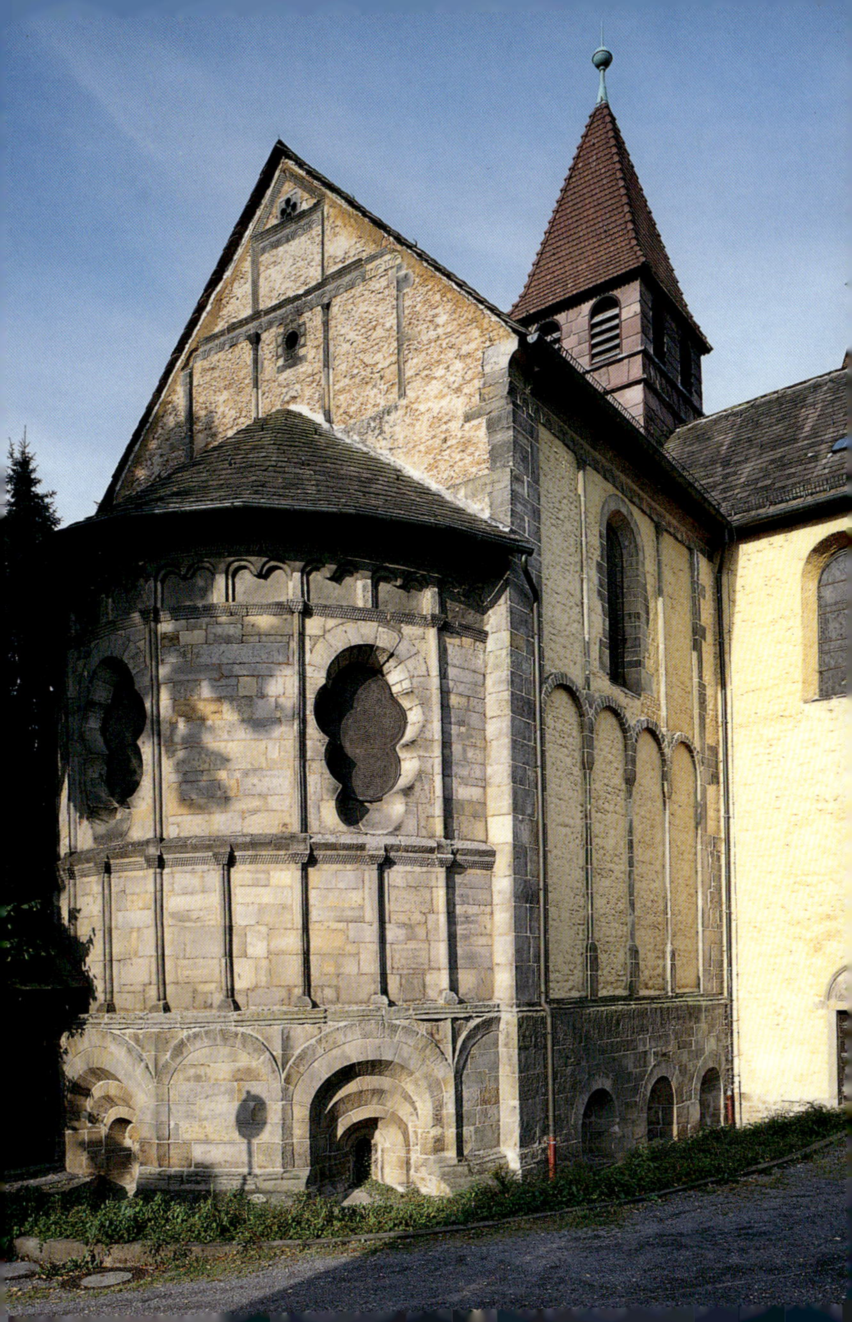

ihrer jetzigen Gestalt ist zum großen Teil das Ergebnis der Rekonstruktion vom Anfang des 20. Jahrhunderts. Sie besteht aus einem breiten Hauptraum und zwei schmalen, durch Gurtbögen abgetrennten Nebenräumen, die nachträglich gewölbt wurden. Das Geschoss über der Vorhalle wurde als Frauenempore genutzt und war in drei Räume gegliedert. Ein im Mauerwerk noch ablesbarer Zugang zu dem Emporengeschoss und zum Nonnenschlafsaal befindet sich an der Südseite des Westriegels.

Innenraum

Durch den tiefen Torbogen im Westen erreicht man das Kircheninnere. Die Mittelschiffswände des schlichten Langhauses sind von einer schmalen und hohen Arkadenreihe gegliedert, die an der Nordseite durch fünf Pfeiler gebildet wird. An der Südseite fallen neben den Pfeilern zwei erneuerte Säulen auf. Die Originale sind mit verkürztem Säulenschaft in der Westvorhalle aufgestellt. Die Säulen sind Bestandteil des einst hier vorhandenen sächsischen Stützenwechsels, d.h. der Abfolge von Säule, Säule, Pfeiler. Nach dem Brand von 1234 wurden die schadhaften Säulen durch Pfeiler ausgetauscht. Nachvollziehbar ist dies noch an dem nordwestlichen Pfeiler, in dem die Basis einer weiteren Säule als Spolie vermauert ist.

Die niedrigeren Seitenschiffe sind auffallend schmal; sie erreichen nicht einmal die halbe Breite des Mittelschiffes und werden mit flachen Balkendecken abgeschlossen. Über dem südlichen Seitenschiff ist die Empore für die Stiftsdamen eingebaut, das nördliche Seitenschiff steigt in voller Höhe auf.

Über eine breite Treppe gelangt man aus dem Mittelschiff in den aus Querhaus, Chor und Apsis bestehenden Ostteil der Kirche. Im Winkel zwischen Chor und südlichem Querschiff liegt die im Mittelalter errichtete Sakristei. Das dem ersten Bau zugeschriebene Querschiff war ursprünglich als durchgehender Raumteil ohne Betonung der Vierung konzipiert, in das nachträglich die Vierungsbögen eingehängt wurden. Das Kuppelgewölbe, zu dessen Vollendung man sich wegen der bereits vorhandenen Gewölbeansätze entschloss, entstand erst durch die Restaurierung 1903/04.

Im 15. Jahrhundert wurden die Querschiffe zweigeschossig unterteilt. An der Ostwand des nördlichen Querhausarmes sind Spuren einer früheren Nebenapsis erkennbar.

Innenansicht nach Osten ▬

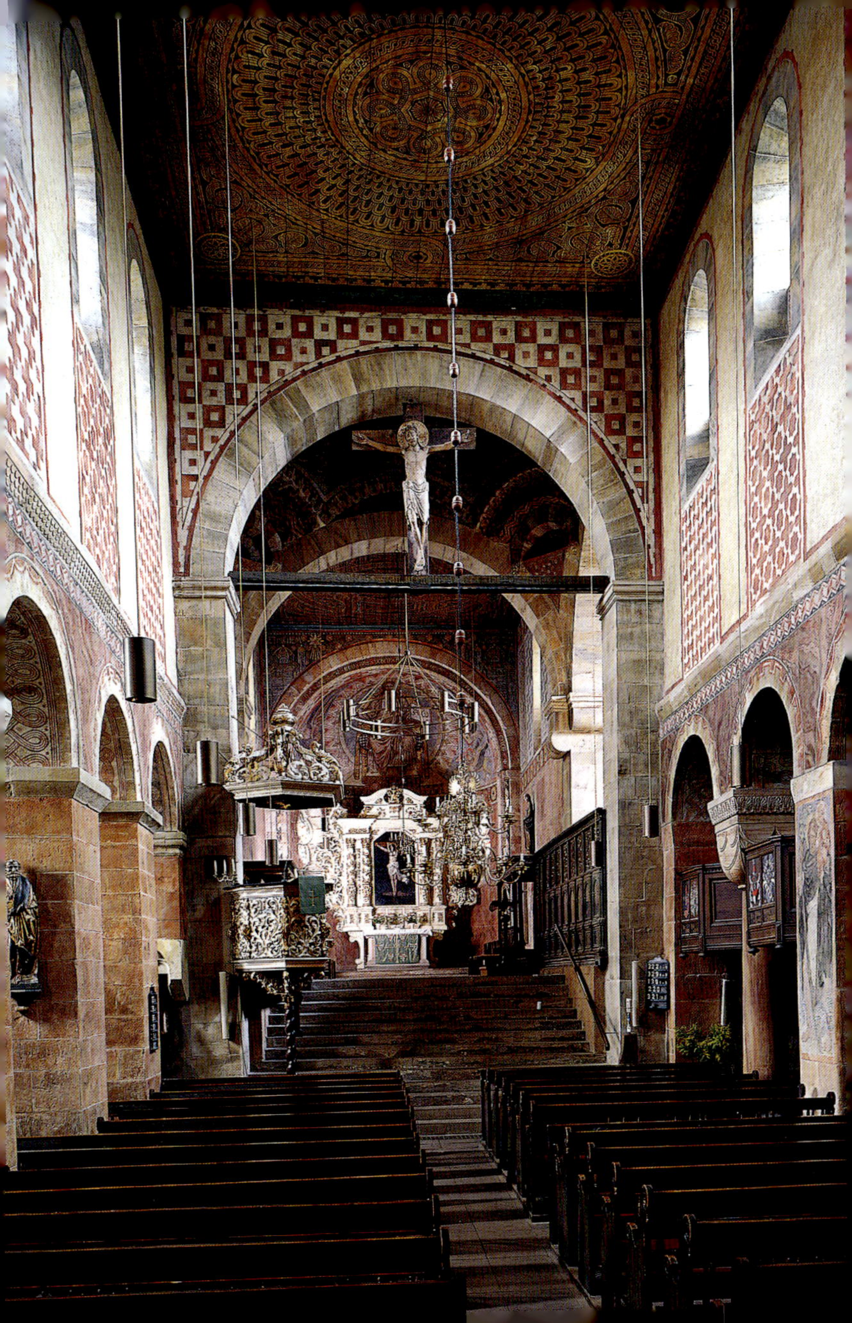

Aus dem unteren Bereich des nördlichen Querhauses erreicht man über eine Treppe die dreischiffige Hallenkrypta, die als der älteste Bauteil der Kirche in die Zeit um 1120 datiert wird. An der Westwand befindet sich ein weiterer, heute vermauerter Zugang. Eine Besonderheit sind die aus einem Stück gearbeiteten Vierlingssäulen, für die man noch kein Vorbild in anderen Kirchen gefunden hat. Bemerkenswert ist das einzige Säulenkapitell mit bildlichen Darstellungen an der Nordwand, auf dem die Hand Gottes, Sonne, Mond und das Kreuzeslamm zu sehen sind. Die reiche Dekoration der Kämpfer und Würfelkapitelle mit geometrischen und stilisierten Palmettenmotiven erhöht den besonderen Reiz dieses Raumes.

Die Bauauffassung der Stiftskirche Fischbeck entspricht mit ihrer dreischiffigen basilikalen Anlage den Stiftskirchen der hochadligen Frauenstifte wie Quedlinburg, Gernrode und Kemnade, zu deren Entstehung ebenfalls König Otto I. den Anstoß gegeben hat. Sie ist geprägt durch die sächsische Architektur mit Stützenwechsel, Flachdecke, ausgeschiedener Vierung und Westriegel.

Frühe bauliche Veränderungen

Erste Eingriffe in die nach dem Brand von 1234 geschaffene Bausituation des Kircheninneren sind für die zweite Hälfte des 15. Jahrhunderts belegt, als in Fischbeck unter Äbtissin Ermegard von Reden (1452–1482) die allgemeine monastische Reform im Sinne der devotio moderna durchgeführt wurde. Die seit der Erbauung der Kirche im Westwerk gelegene Nonnenempore reichte für den auf 24 Nonnen angewachsenen Konvent nicht mehr aus. Äbtissin von Reden ließ daher im Jahre 1458 im südlichen Querhaus einen neuen **Jungfrauenchor** anlegen, der zur Vierung durch eine Trennwand abgeschirmt wurde. Die Wiederbelebung des Chorgesangs der Nonnen machte darüber hinaus die Anschaffung einer Orgel notwendig, für die man im Jahre 1510 Almosen *von guten Leuten* sammelte.

Entsprechend den Erfordernissen des neuen, zum Pfingstfest 1559 in Fischbeck eingeführten lutherischen Gottesdienstes ließ Äbtissin Agnese von Mandelsloh (1587–1625) während ihrer Amtszeit das Kircheninnere restaurieren und umgestalten. Auf dem Hochchor fanden nun neben dem Hauptaltar auch die Kanzel, die Orgel und das im Jahre 1615 gefertigte Taufbecken ihren Platz.

Kapitell in der Krypta

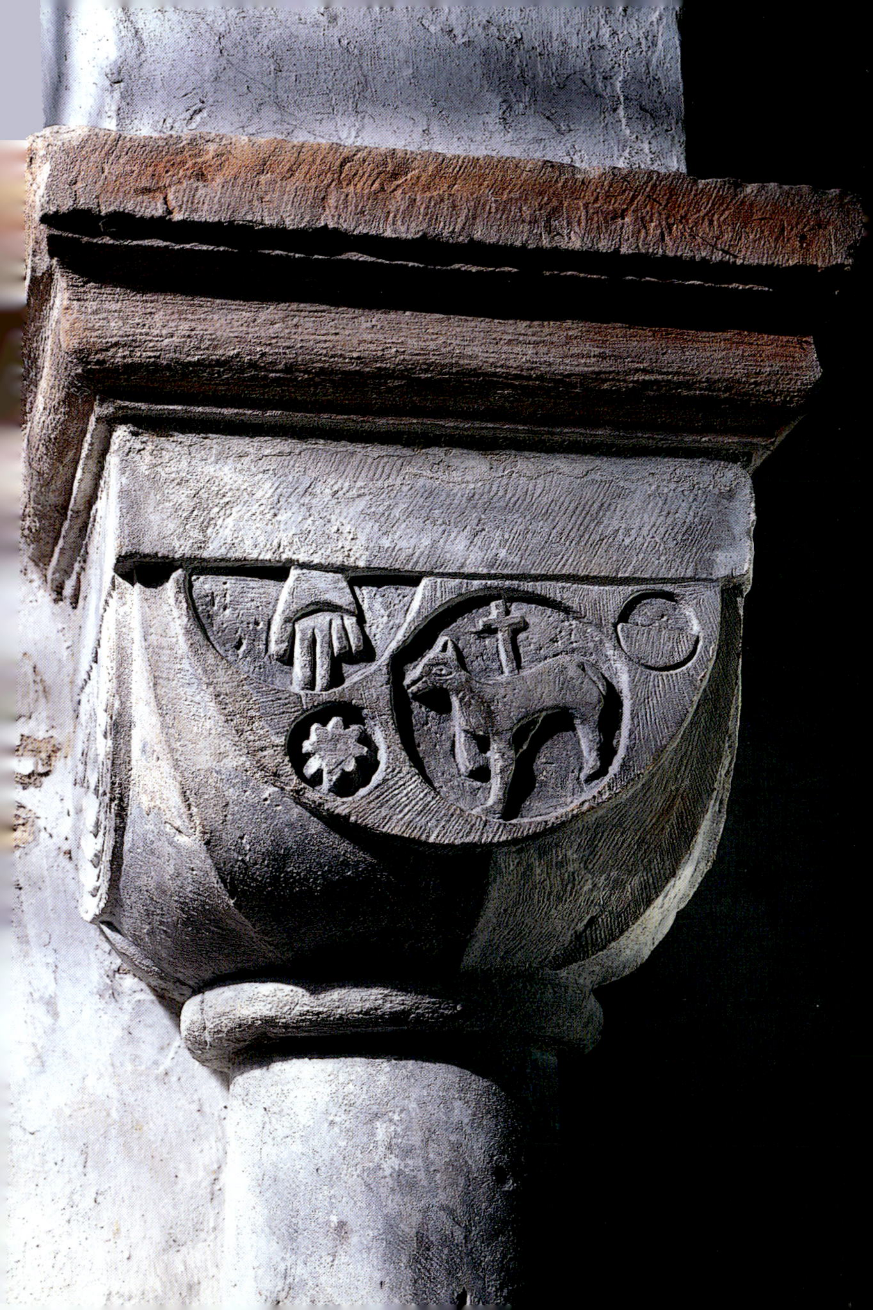

Um 1685 war der Westturm der Kirche so baufällig, dass die Glocken nicht mehr geläutet werden konnten. Auf Veranlassung von Äbtissin Elisabeth Sidonie von Arenstedt (1673–1701) wurden daher die Spitze und ein Stück vom Mauerwerk des Turmes abgenommen und das Turmdach mit dem noch heute vorhandenen Dachreiter etwas niedriger wieder aufgebaut.

Die Barockisierung der Kirche nach 1700

Eine weitere Umgestaltung erfuhr die Stiftskirche während der Amtszeit der Äbtissin Elise Marie von der Asseburg (1701–1717). Sie ließ den Hochchor mit aus Höxter stammenden Platten belegen, eine Steintreppe anlegen und auf dem Chor zwei neue, blauweiß gefasste Priechen für die Stiftsdamen errichten. Das Taufbecken erhielt einen neuen Deckel, der Taufstein wurde in den Farben Blau, Weiß und Gold gefasst. 1709 stiftete sie einen barocken Altaraufsatz für den Hochchor, laut Inschrift *aus ihren eigenen Mitteln zur Ehre Gottes*. Die bereits zuvor vom Hochchor an die zweite nordöstliche Stütze verlegte Kanzel wurde 1710 durch einen nicht näher bezeichneten Bildschnitzer aus Halberstadt vollständig erneuert und gefasst.

Dieser neuen Kanzel gegenüber richtete man eine **Fräuleinprieche** ein, die, auf einer Konsole ruhend, der südlichen Langhauswand vorgesetzt, mit Fenstern verschließbar und über vier Türen zu betreten war. Die Prieche war mit Glanzweiß und Gold gefasst und an der Außenseite mit den Wappen der Stiftsdamen bemalt. Der weiterhin genutzte Damenchor im südlichen Querhaus erhielt einen neuen blauweißen Anstrich und wurde mit *acht holländischen Stühlen* ausgestattet.

Die ehemalige Nonnenempore an der Westwand der Kirche wurde zu drei Priechen umgebaut, von denen zwei als Kirchengestühl und die dritte als Orgelprieche dienten. Hier fand nun nach gründlicher Überholung eine bereits um 1670 entstandene Orgel ihren Platz, deren Pfeifen versilbert waren und deren Gehäuse selbst weiß und golden gefasst war.

Zu Beginn des 18. Jahrhunderts hatte sich das gottesdienstliche Geschehen vom Hochchor in das Kirchenschiff verlagert: Kanzel an der Nordseite, Orgel im Westen und Damenempore an der Südseite des Schiffs umschlossen die versammelte Gemeinde, lediglich der Altar und die Taufe behielten ihren herausgehobenen Standort auf dem Hochchor. 1710 wurde der Kircheninnenraum erstmals geweißt. Bis dahin waren – laut archivalischer

Innenansicht nach Westen

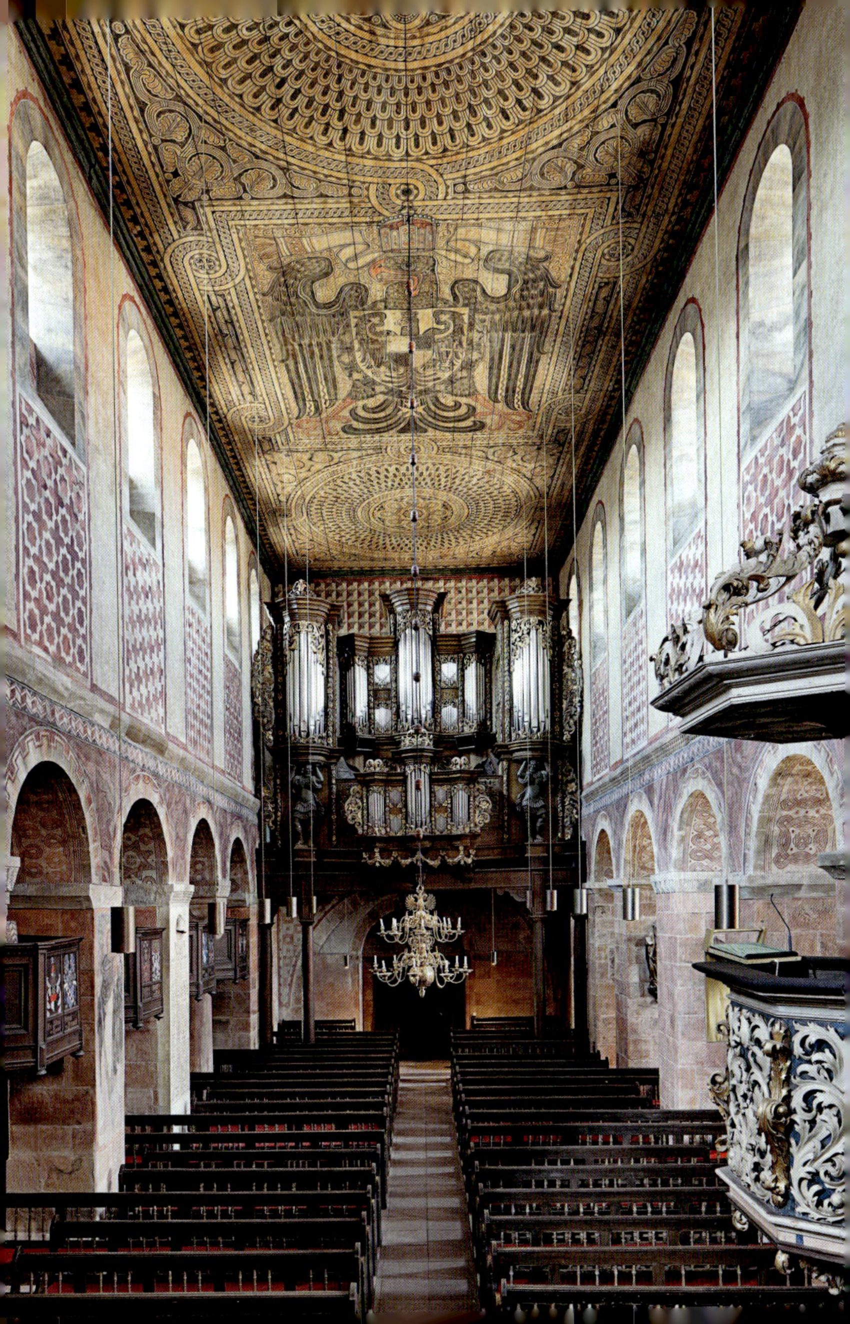

Notiz – noch die alten Muster der mittelalterlichen ornamentalen Wandmalerei erhalten.

Im Jahre 1734 gab Äbtissin Maria Magdalena von der Kuhla (1717–1737) bei dem Orgelbauer Johann Adam Berner aus Osnabrück den Neubau einer **Orgel** in Auftrag, die ein Manual von zwölf Registern, ein Pedal von sieben und ein Positiv von acht Registern erhielt. Die Anfertigung des heute noch erhaltenen Orgelprospekts aus Pappel- und anderen Weichhölzern übernahm der Bildschnitzer Meister Thomas aus Hameln. Der Prospekt erhielt zwei große männliche Skulpturen als Atlanten und eine von je einem Engel flankierte Sitzfigur König Davids mit Harfe. Für das Rückpositiv fertigte der Meister eine Johannesfigur an, die einen doppelten Adler als Brustschild führte. Der Orgelprospekt wurde mit Fruchtgehängen, Ranken und Blättern geschmückt. Die anschließende Fassung des Orgelprospekts wurde in blau-weißer Leimtechnik ausgeführt, die Orgelpfeifen in Silber gefasst. Das Ornamentwerk in der Umgebung der Frontpfeifen war vergoldet, das Blattwerk grün bemalt, die Blüten vergoldet.

Die Renovierung und Ausmalung der Kirche 1903/04

Im Jahre 1903 ermöglichten ein Geschenk Kaiser Wilhelms II. in Höhe von 20.000 Mark sowie zahlreiche Spenden von Kapitularinnen und Einwohnern Fischbecks und der umliegenden dörflichen Gemeinden die seit Langem geplante umfassende Renovierung der Stiftskirche. Verantwortlich für die bauliche Umgestaltung war der Bauhistoriker Albrecht Haupt aus Hannover. Unter seiner Leitung wurde der romanische Gesamteindruck der Fischbecker Kirche neu akzentuiert und in manchen Details weiterentwickelt. Romanisches Kirchengebäude und barocke Ausstattungsstücke wurden durch eine einheitliche Ausmalung nach den Entwürfen des Innenarchitekten Hermann Schaper aus Hannover in Beziehung gesetzt.

Zu den baulichen Veränderungen dieser Zeit gehören die Aufführung des Nordgiebeldreiecks und dessen Dekoration mit romanisierenden Bauelementen sowie die Einfügung eines Tympanons über der Tür des nördlichen Querschiffs. Im Kircheninnenraum ließ man über der Vierung ein aus Ziegeln gemauertes Kuppelgewölbe errichten. Das Dach über der Vierung erhielt einen neuen Dachreiter mit einer Turmspitze aus Kupfer. Die bis dahin als Grabkammer genutzte Vorhalle im Westwerk wurde geöffnet und geräumt.

Detail aus dem Orgelprospekt von 1734

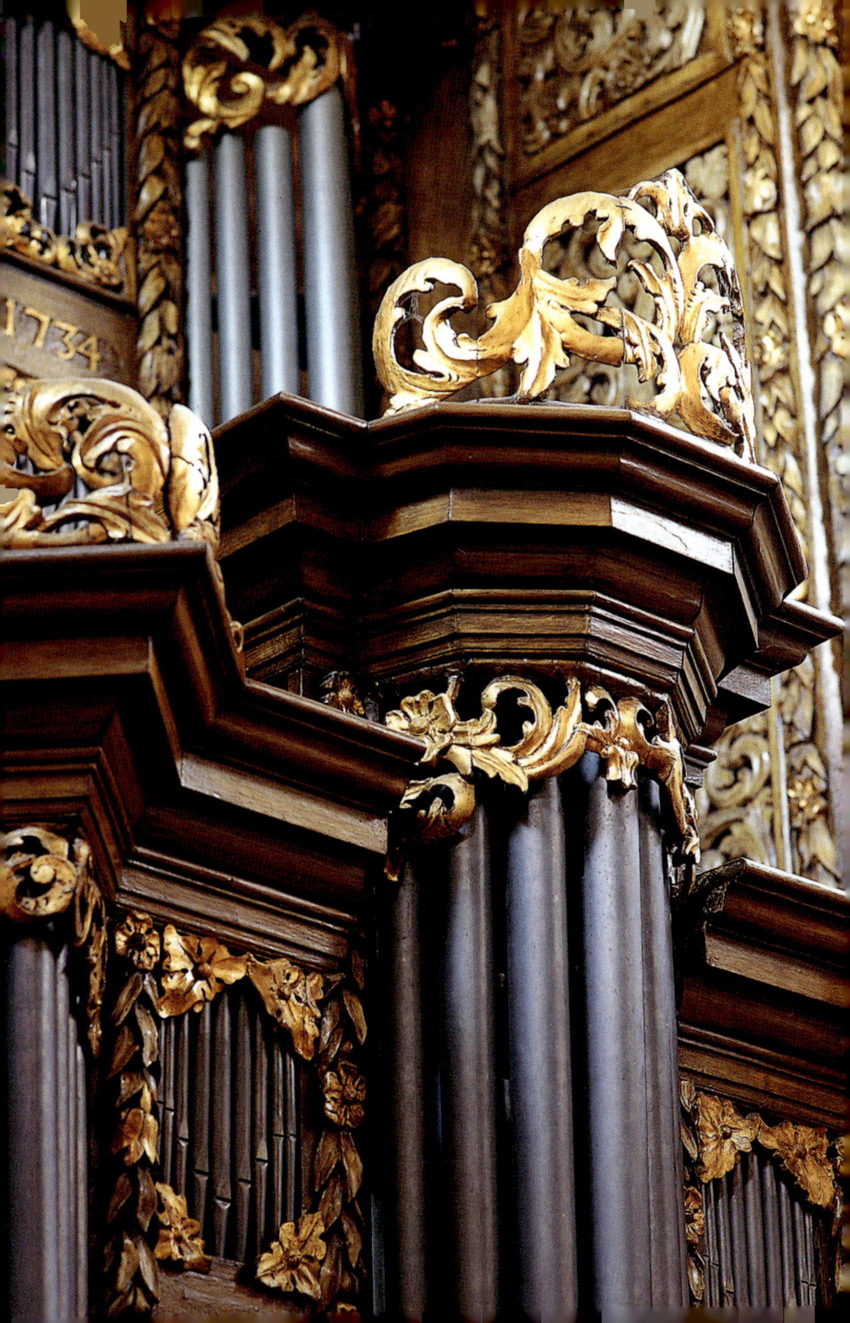
1734

Ein dort wieder aufgefundenes romanisches Tympanon erhielt seinen Platz über der rekonstruierten westlichen Portalöffnung. Der westliche Zugang zur Vorhalle wurde mit einem schmiedeeisernen Gittertor nach Entwurf von Albrecht Haupt versehen.

Die nach dem Brand von 1234 erneuerten zehn Stützen der Längsschiffe wurden mit Kapitell und Basis aus Sandstein neu aufgemauert. Die auf der Südseite noch vorhandenen zwei Säulen vom ursprünglichen niedersächsischen Stützenwechsel wurden durch Kopien ersetzt und die Kapitelle und Basen der Originale in der Vorhalle aufgestellt.

Im nördlichen Seitenschiff wurden fünf im 17. Jahrhundert eingefügte rechteckige Fensteröffnungen beseitigt und durch dem Stil der romanischen Stiftskirche entsprechende Bogenfenster aus Sandstein ersetzt. Die Schlüssellochfenster der Apsis hatten bereits 1882 eine neue Verglasung mit den Darstellungen von Gottvater, Gottsohn und Heiligem Geist erhalten.

Die barocken Emporen im nördlichen Kreuzarm, vor dem südlichen und dem nördlichen Seitenschiff und unterhalb der Orgelempore vor der Westwand wurden entfernt. An die Stelle der Damenempore, die als geschlossener Vorbau in das Mittelschiff hineinragte, traten sechs neue Damenlogen, die in die Langhausarkaden eingefügt wurden. Die Brüstungsfüllungen der Logen versah man mit zwölf, nach Zeichnung von Hermann Schaper ausgeführten Stiftsdamenwappen.

Der gesamte Kircheninnenraum erhielt eine nach Entwürfen Hermann Schapers in Kaseinfarbe ausgeführte dekorative Ausmalung, die durch die Betonung der Architekturelemente eine Zusammenfassung aller Raumteile anstrebte. Die Dekoration basiert auf mittelalterlichen Vorlagen und weist einen fast durchgängig ornamentalen und floralen Charakter auf. Nur zwei figürliche Akzente wurden mit der Ausmalung der Apsiskalotte und der Darstellung des Christophorus am südöstlichen Pfeiler gesetzt.

Mit verschiedenen Teppichmustern malerisch gestaltet wurden die Obergaden unterhalb der Fenster. Die Scheidbögen zu den Seitenschiffen erhielten gemalte Ornamente. Die Wände des südlichen Seitenschiffs wurden mit einfacher Draperie-Malerei versehen. Während die Balkendecken der beiden Seitenschiffe mit floralem Rankenwerk bemalt wurden, zierte man dem kaiserlichen Schutzpatron zu Ehren die Holzdecke des Langhauses mit der Darstellung des von ornamentaler Malerei umgebenen Reichsadlers.

Besondere Sorgfalt wurde auf die Gestaltung des Ostteils der Kirche – Chor, Apsis und Vierung – verwendet. Der untere Bereich von Nord- und Südwand des Chores erhielt eine Inkrustationsmalerei, der obere Bereich ein Dekor aus Ornamenten und floraler Bemalung, beide durch einen Fries von imitierten Diamanten getrennt. An dem östlichen Schwibbogen des Chores finden sich Darstellungen von Bethlehem mit dem Stern als Symbol der Geburt Jesu und Jerusalem mit dem Kreuz als Symbol seines Todes. In die Mitte der Holzdecke des Chores wurde – umgeben von kreisförmigen und floralen Einfassungen – die Darstellung des Fischbecker Stiftsordens eingefügt.

Die Malerei in der Apsiskalotte zeigt Christus als Weltenrichter und die Evangelistensymbole. Der Thron ist durch Applikationen aus Gips, Punzierungen und Vergoldungen besonders hervorgehoben. Im Scheitelpunkt der in der Grundfarbe Blau gefassten Vierungskuppel erscheint das Lamm Gottes vor einem Kreuz. Den Hintergrund bildet grünes Gras mit gelben Blumen vor blauem Himmel.

Die Bemalung des Damenchors im südlichen Querhaus erfolgte in einer Art Stoff-Drapierung, deren Falten unten mit schwarzen Bändern abschließen und oben durch runde Knöpfe scheinbar zusammengehalten werden. Steine und Quader imitierende Friese bilden den Abschluss unterhalb der ornamental bemalten Holzdecke. Das nördliche Querhaus erhielt dagegen im unteren Bereich lediglich eine Inkrustationsmalerei, darüber eine gemalte Quaderung, dazwischen und als Abschluss zur Decke je einen Fries aus gemalten Applikationen und imitierten Edelsteinen.

Die Einweihung der renovierten Stiftskirche erfolgte am 17. August 1904 in Gegenwart von Kaiserin Auguste Viktoria und Kaiser Wilhelm II., der bei dieser Gelegenheit offiziell die Schirmherrschaft über das Stift übernahm. Am 27. August 1909 wiederholte das Kaiserpaar seinen Besuch, um Äbtissin Antonie von Buttlar (1899–1911) als Zeichen kaiserlicher Gunst einen Äbtissinnenstab zu überreichen, für den im Jahre 1910 nach Entwurf von Albrecht Haupt ein Gedenkstein angefertigt und auf der Südseite des Hochchores aufgestellt wurde.

Veränderungen im 20. Jahrhundert

Für das 20. Jahrhundert sind zwei Orgelneubauten zu verzeichnen: Im Jahre 1904 baute die Firma P. Furtwängler & Hammer aus Hannover eine neue pneumatische Orgel von insgesamt 24 Stimmen mit zwei Manualen und

Seite 24/25: Wandteppich mit der Gründungslegende, 1583

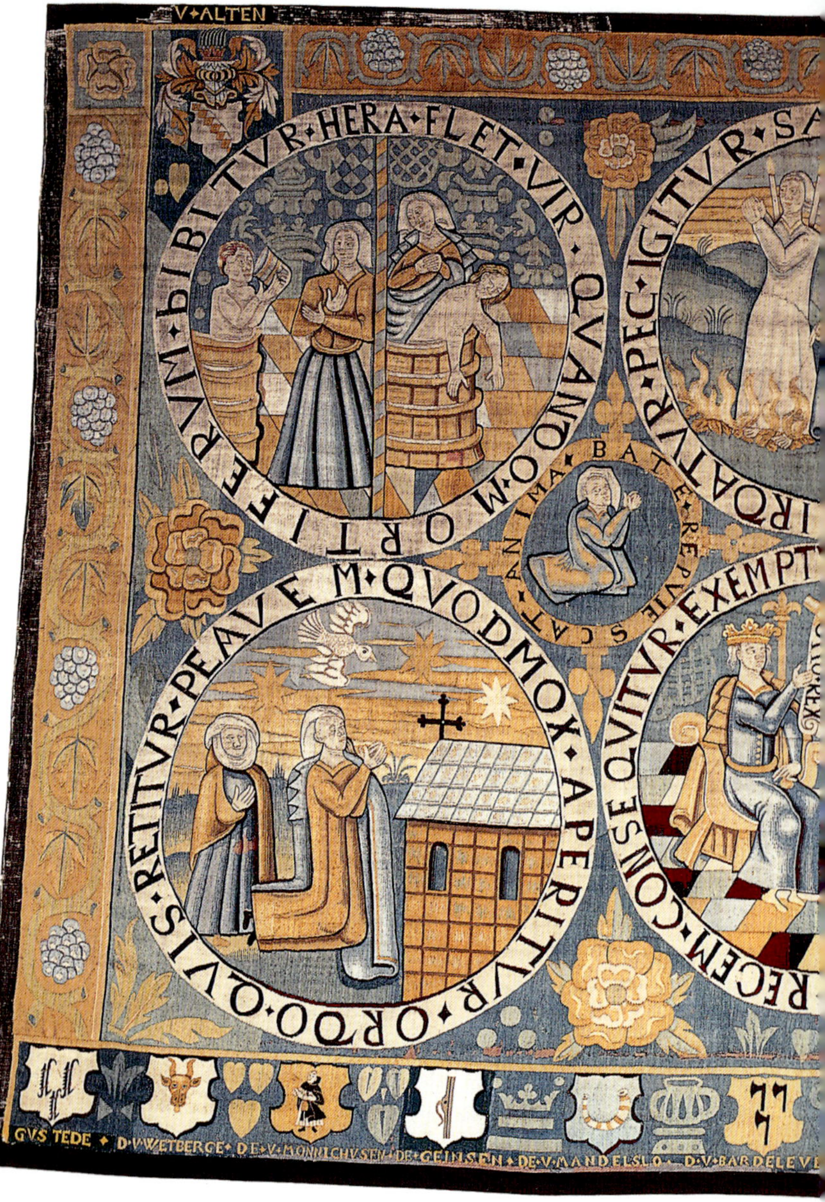
V·ALTEN
RVM·BIBITVR·HERA·FLET·VIR·QVANDO·O·M·ORTIFE
IRQ·ATVR·PEC·IGITVR·SA
ANIMA·BATE·REPVIESCAT
EXEMPT
RETITVR·PEAVEM·QVODMOX·APERITVR·OROO·QVIS
CONSEQVITVR
REGEM
GVS TEDE · D·V·WETBERGE· DE·V·MONNICHVSEN·DE·GEINSEN·DE·V·MANDELSLO·D·V·BARDELEV

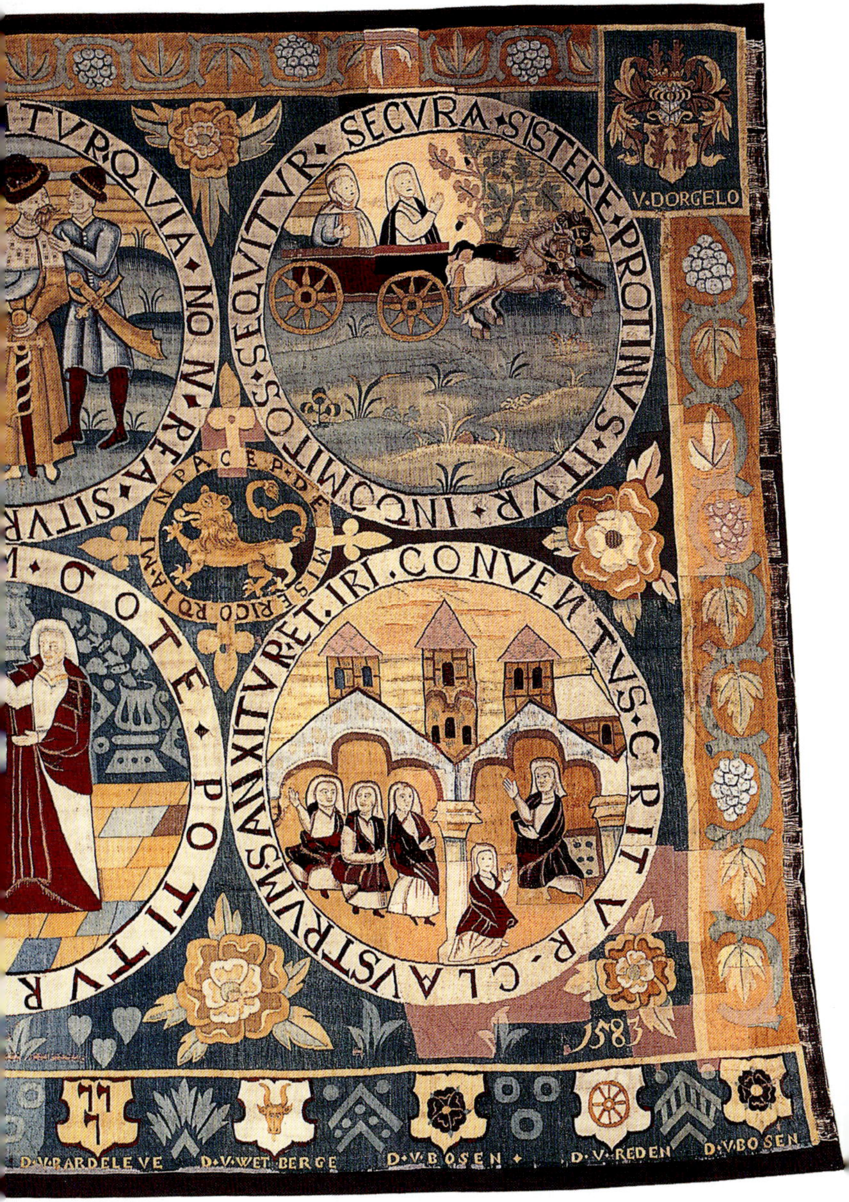

V.DORGELO
SECVRA·SISTERE·PROTINVS·SITVR·INCOMITOS·SEQVITVR
TVRQVIA·NON·REA·SITVR
CONVENTVS·CRITVR·CLAVSTRVMSANXITVR·ET·IRI
GOTE·POTITVR
1583
D·V·BARDELEVE
D·V·WET BERGE
D·V·BOSEN
D·V·REDEN
D·V·BOSEN

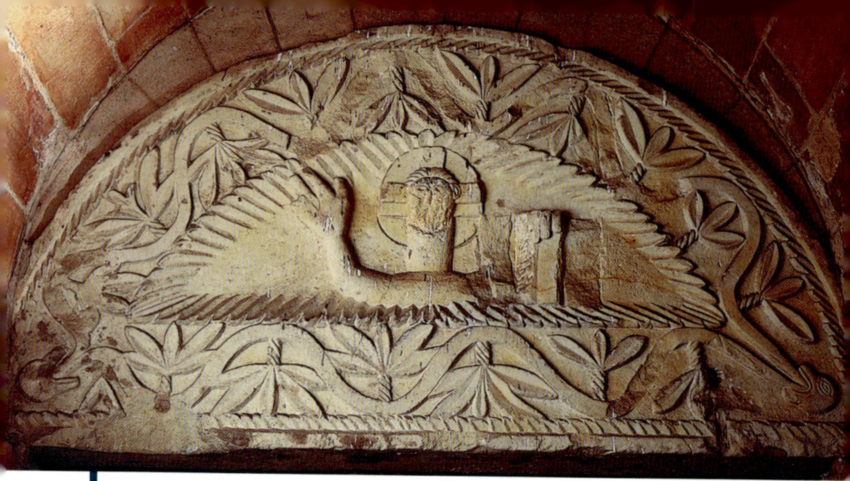

Tympanon über dem Westportal, 1. Hälfte 12. Jahrhundert

einem Pedalklavier. Anlässlich der für das Jahr 1955 anstehenden Jahrtausendfeier des Stifts beauftragte man die Firma Emil Hammer aus Hannover mit einem erneuten Orgelbau, der der Berner-Orgel von 1734 entsprechend mit mechanischer Traktur, Hauptwerk, Rückpositiv und Pedal und insgesamt dreißig klingenden Registern konzipiert wurde. Der jüngste Orgelneubau erfolgte im Jahr 2007 mit der sogenannten Hillebrand-Berner-Orgel der Gebr. Hillebrand GmbH Orgelbau KG Altwambüchen. Das Werk im Stil von Johann Adam Berner (siehe S. 20) im historischen Gehäuse besitzt 32 Register und 1.875 klingende Pfeifen.

In den Jahren 1996 und 1997 erfolgte durch die Firma Matthias Seefried aus Bremen die Restaurierung der Stiftskirche. Dabei wurden unter Leitung des polnischen Malers Jerzy Chartowski die im Verlauf eines knappen Jahrhunderts an Wand- und Deckenmalerei entstandenen Schäden behoben. Die gesamte Malerei musste gefestigt, gereinigt und nach dem vorhandenen Befund rekonstruiert beziehungsweise retuschiert werden. Von Interesse waren die anlässlich der Restaurierung gemachten Funde, die auf frühere Fassungen der Kirche hinwiesen. Vor allem die Untersuchung der Westwand ergab unter der Bemalung von Hermann Schaper einen großen Bestand an mittelalterlichen Putzen, die bei der Kirchenrestaurierung 1903/1904 nur überfasst, aber nicht neu überputzt worden waren. Im südlichen Querhaus fand sich das nur noch fragmentarisch erhaltene barocke Wappen der Äbtissin Elisabeth Sidonie von Arenstedt (1673–1701), das gefestigt und retuschiert, farbig jedoch nicht weiter ausgeführt wurde.

Innenausstattung der Stiftskirche

Von der vorreformatorischen Ausstattung der Stiftskirche sind durch Kriege, Plünderungen und vor allem bedingt durch die Reformation nur einige wenige Einzelstücke erhalten geblieben, von denen sich die meisten nicht mehr in ihrem ursprünglichen Zusammenhang befinden. Die heutige Aufstellung ist das Ergebnis der Restaurierung von 1903/04.

Zu den ältesten Ausstattungsstücken der Kirche gehört das **Tympanon** [**1**] über dem Westportal, das 1902 bei einer Grabung in der Vorhalle gefunden wurde. Es ist ohne erzählende Elemente symmetrisch aufgebaut. Der in archaischer Strenge dargestellte Christus verleiht dem Bild Repräsentationscharakter, wie es typisch für romanische Tympana in der ersten Hälfte des 12. Jahrhunderts ist. Christus hat die rechte Hand zum Segen erhoben, in der linken hält er das Buch des Lebens. Die Figur ist von einem Strahlenkranz umgeben, der wiederum von einem Rankenornament gerahmt wird. Die Ranken sprießen aus den Rachen von zwei nicht näher zu definierenden Tierköpfen, die hier als positive Wesen zu deuten sind. Auffallend ist, dass die Blätter des Rankenfrieses drei- und fünfblättrig sind. Die dreiblättrigen Ranken – drei als Sinnbild der Trinität – befinden sich auf der rechten Seite zwischen der segnenden Hand und dem Lebensbuch, links unter der segnenden Hand dagegen sind die Ranken mit fünf Blättern angeordnet. Die Zahl Fünf steht für den Menschen mit seinen fünf Sinnen und seinen fünf Extremitäten, was darauf hindeuten soll, dass der Mensch durch den Kreuzestod Christi gesegnet und gerettet ist. Nicht zufällig sind der Nimbus und der starke verlängerte Hals von Christus als Kreuz zu lesen. Der Rankenfries ist im unteren Bereich gerahmt durch ein Tauband, das als Zeichen des Glaubens auch die Gebote der Schrift versinnbildlicht, die die Menschen aus der Tiefe des gegenwärtigen Lebens emporziehen. Im oberen Bereich sind im Halbkreis die Strahlen der Sonne als Abbild des Himmels angeordnet. Damit erscheint das Tympanon wie eine Illustration des Bibelspruchs Maleachi 3,20: *Euch aber, die ihr meinen Namen fürchtet, soll aufgehen die Sonne der Gerechtigkeit und Heil unter ihren Flügeln.*

In das erste Viertel des 12. Jahrhunderts wird das im südlichen Querschiff aufgestellte, als Kopie vorhandene **Johanneskopfreliquiar** [**2**] datiert, ein bedeutendes Zeugnis niedersächsischer Plastik des Mittelalters. Das aus Bronze gegossene, vergoldete Original befand sich jahrhundertelang im Stift und wurde 1902 an das Kestnermuseum in Hannover verkauft, um die anstehende Restaurierung der Stiftskirche zu finanzieren. Erst durch den Verkauf rückte der Kopf in den Mittelpunkt des Interesses, dessen Bedeutung und Funktion nahezu in Vergessenheit geraten waren. So wurde im 19. Jahrhundert der Kopf durch den damaligen Stiftsprediger als Rest einer Johannesfigur gedeutet.

Am Kopf ist erkennbar, dass er als Reliquienbehälter diente. Wurden Reliquien ursprünglich den Blicken entzogen aufbewahrt, so änderte sich seit dem 13. Jahrhundert ihre Verehrung dahingehend, dass ein sichtbarer Bezug zu ihnen hergestellt wurde, damit sie ihre Heilswirksamkeit gegenüber den Gläubigen entfalten konnten. Um den Blick auf die im Fischbecker Kopf aufbewahrten Reliquien zu ermöglichen, wurden nachträglich an seiner Vorder- und Rückseite Öffnungen eingesägt, die vermutlich mit einem durchsichtigen Material wie Glas oder Bergkristall verschlossen wurden. Dass es sich bei dem Reliquiar um das Haupt des Täufers Johannes handelt, lässt sich durch die besondere Bedeutung, die Johannes der Täufer für das Stift hatte, erschließen. Die Kirche war vermutlich zuerst Maria geweiht, nach dem Brand 1234 wird Johannes der Täufer als weiterer Patron genannt. In einem Nekrolog aus der ersten Hälfte des 13. Jahrhunderts, aufbewahrt in der Herzog August Bibliothek in Wolfenbüttel, ist Johannes mit neun Eintragungen am häufigsten aufgeführt. Weitere Eintragungen lassen vermuten, dass bereits im ersten Viertel des 12. Jahrhunderts ein Johannespatrozinium bestand und dem Heiligen kostbare Gegenstände dargebracht wurden. Voraussetzung für die Verehrung sowie die Einrichtung eines Altars war das Vorhandensein einer entsprechenden Reliquie. In dem Kalender wird auf zwei Gedächtnisfeiern verwiesen, die sich auf die *Ankunft der Reliquien des Hl. Johannes des Täufers, nämlich seines Zahnes und 54 anderer Reliquien* beziehen. Am Reliquiar selbst sprechen besonders die nach oben gerichteten, gebrochenen Augen dafür, dass es sich um den Kopf des enthaupteten Täufers handelt. Die strenge Form und die starke Reduzierung auf einige wesentliche, ornamentalisierte Elemente legen die Vermutung nahe, dass das Werk in der Nachfolge der Hildesheimer Werkstatt entstanden ist.

Triumphkreuz, Mitte 13. Jahrhundert

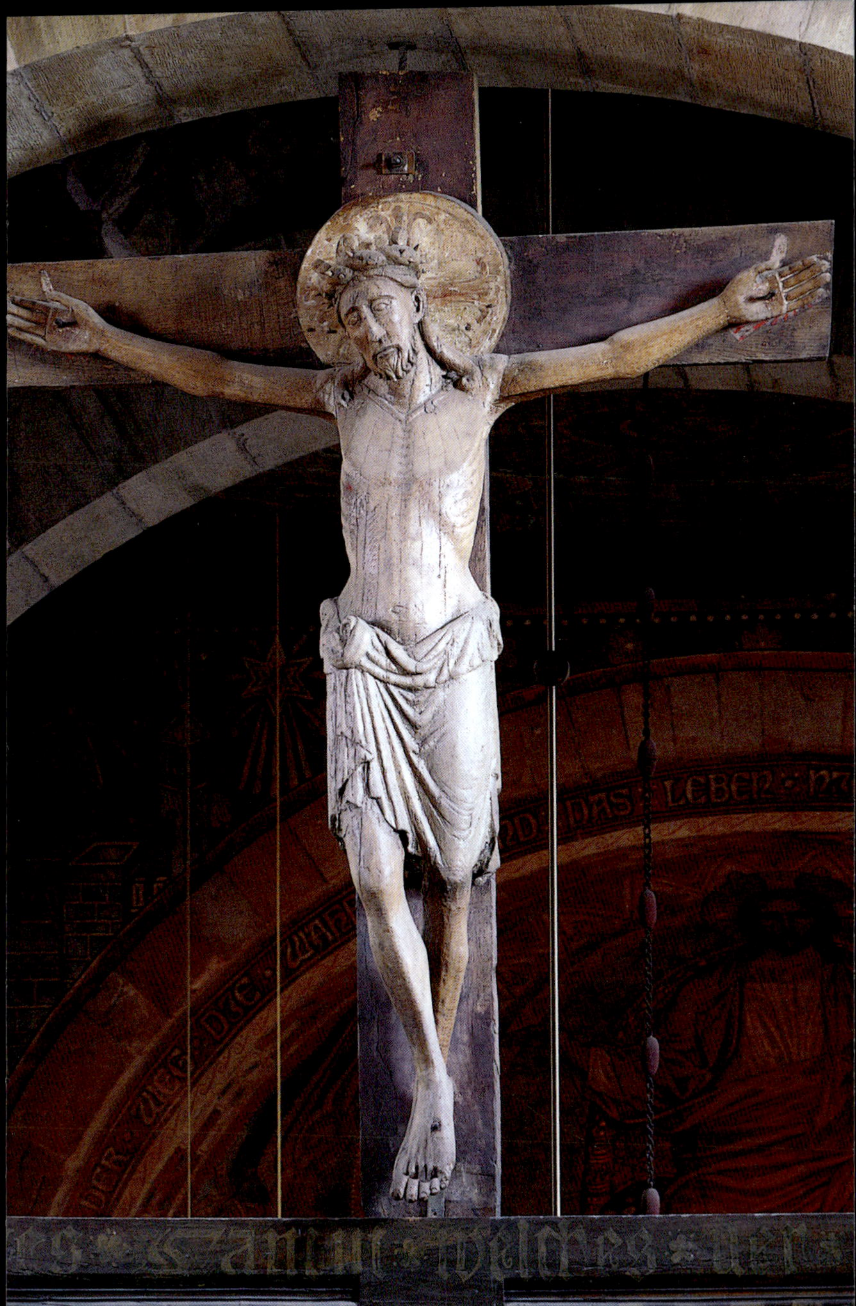
DAS LEBEN

In die Mitte des 13. Jahrhunderts lässt sich das **Triumphkreuz** [**3**] datieren, das möglicherweise für die Neuweihe der Kirche 1254 geschaffen wurde. Es ist eine Synthese aus romanischem und gotischem Christusbild. Die romanische Vorstellung vom siegreichen Christkönig, der durch seine Passion den Tod überwunden hat, spiegelt sich in den geöffneten Augen und dem gerade aufgerichteten Körper wider. Die gotische Zeit bringt das Leiden Christi durch die stärkere Bewegtheit des sogenannten 3-Nagel-Typus zum Ausdruck: Die Füße des Korpus sind übereinander genagelt, das Lendentuch ist einseitig geknotet. Interessant ist in diesem Zusammenhang die doppelte Krönung. Auf dem Haupt sitzt die Königskrone, deren Zacken über eine zweite, dornenbesetzte Taukrone hinausragen. Vermutlich wurde die Dornenkrone nachträglich aufgesetzt, um die Leidensaussage der Christusfigur zu unterstreichen. Auffallend ist, dass sich unter den Händen des Christuskorpus auf den Kreuzarmen gemalte Hände befinden. Möglicherweise handelt es sich dabei um eine spätmittelalterliche Darstellung der Hände Gottes zur Versinnbildlichung des heilsgeschichtlichen Handelns Gottvaters durch seinen Sohn.

In der ersten Hälfte des 14. Jahrhunderts ist das nahezu lebensgroße **Holzbildwerk einer Frauengestalt** [**4**] entstanden, das jetzt im Chor auf einer Konsole steht. Die in weltlicher Kleidung dargestellte Figur trägt ein glattes, in der Mitte gegürtetes Gewand, über dem ein offener Mantel liegt, den sie mit der linken Hand seitlich festhält. Als Zeichen des Ehestandes trägt sie ein Kopftuch. Die Blockhaftigkeit der Figur und das verhaltene Bewegungsmotiv von Spiel- und Standbein, verbunden mit der jugendlichen, weichen Ausdrucksweise des Gesichtes, sind kennzeichnend für die Skulpturen jener Zeit. Das Konzept der Farbfassung dürfte ursprünglich sein, doch ist der jetzige Befund jünger. Die Frage, wer sich hinter der Figur verbirgt, kann nicht eindeutig beantwortet werden. Viel spricht dafür, dass es sich um die Stiftsgründerin Helmburg handelt, obwohl ihr das typische Stifterattribut – das Kirchenmodell – fehlt. In ihrer rechten Hand scheint sie eine heute nicht mehr vorhandene Schriftrolle gehalten zu haben, die die Gründungsurkunde symbolisieren und Helmburgis als Stifterin kennzeichnen sollte. Ähnliche Beispiele gibt es in anderen Stiften, die sich in Form von Bildwerken ihre Gründer vergegenwärtigten. Häufig wurden diese Figuren in einem Behältnis verwahrt, wie es ähnlich auch in Fischbeck in dem Hohlraum des Altares im

Holzbildwerk der Stiftsgründerin, 1. Hälfte 14. Jahrhundert

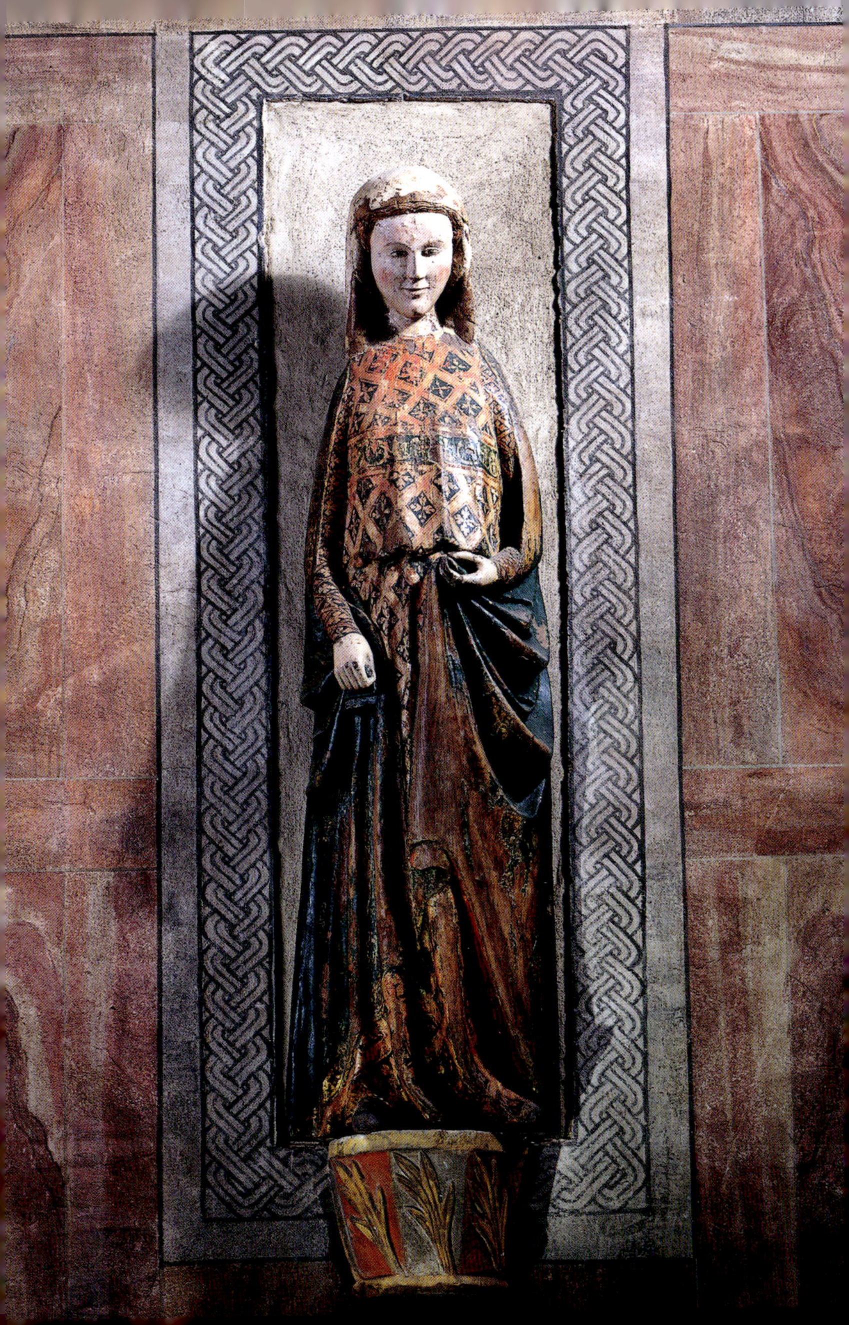

südlichen Querschiff zu finden ist. Es handelt sich dabei um einen massiven ausgestemmten, auf hölzernen Rollen laufenden Eichenholzblock, dessen Kopfende die Form eines Dreipassbogens besitzt. Dieses Behältnis scheint von den Maßen her dafür bestimmt zu sein, die vorstehend beschriebene Holzfigur aufzunehmen, die sowohl als Stand- als auch als Liegefigur konzipiert ist. Da für Helmburg jährliche Memorien abgehalten wurden, ist es denkbar, dass die Figur nicht nur zur geschützten Aufbewahrung dort hineingelegt wurde, sondern das Behältnis für liturgische Zwecke, vor allem anlässlich der Feier des Totengedächtnisses, genutzt wurde.

An der nördlichen Chorwand ist ein um 1360 entstandenes **Grabdenkmal** [**5**] aufgestellt, dass den Schaumburger Grafen Adolf VII. zusammen mit seiner Ehefrau Heilwig zur Lippe und ihrem Sohn Gerhard, Bischof von Minden, zeigt, der auf der linken Seite als kleine Figur abgebildet ist. Zu ihren Füßen befinden sich Löwe, Hund und Affe als Sinnbilder für Stärke, Treue und für die Überwindung der Laster. Ein umlaufender Text fehlt. Ungewöhnlich an der Darstellung ist, dass das Ehepaar seitenverkehrt dargestellt ist. Die Ehefrau, die nun auf der heraldisch bedeutenderen (vom Betrachter aus linken) Seite erscheint, wird damit als Wohltäterin des Stiftes besonders geehrt.

An weiteren Epitaphien sind zu nennen das als Ritzzeichnung angelegte Epitaph der 1353 verstorbenen Äbtissin Luckardis von Hallermund, das jetzt in der Mauer vor dem Westportal eingelassen ist, sowie im Kreuzgang die zwei figürlich gestalteten Grabdenkmäler für Margareta von Oppen und die Äbtissin Katharina von Rottorp, beide jeweils unter dem Kreuz kniend.

In das 14. Jahrhundert wird das hölzerne **Adlerlesepult** [**6**] datiert. Der aufgereckte Körper des Adlers ist von leuchtend roten und schwarzen Federn bedeckt, die schuppenartig übereinander gelegt sind. Hals und Kopf sind in einer leichten Bewegung nach links gewendet. Die weit ausgebreiteten Flügel sind auf der Rückseite mit einem Eisengestell versehen, das das Buch für die Lesung trägt. Die Klauen stehen auf einer Kugel. Vermutlich handelt es sich bei dieser Ausführung um eine transportable, nicht an Kanzel oder Lettner gebundene Form, wie sie im 14. und 15. Jahrhundert als Bronzeguss in den Niederlanden und den Nachbargebieten große Verbreitung gefunden hat. Wohl aus Kostengründen ließ das Stift das Adlerpult in Holz ausführen. In Verbindung mit der Funktion als Lesepult für die Evangelien ist bei dem Adler besonders an das Evangelistensymbol des Johannes zu denken.

Adlerlesepult, 14. Jahrhundert

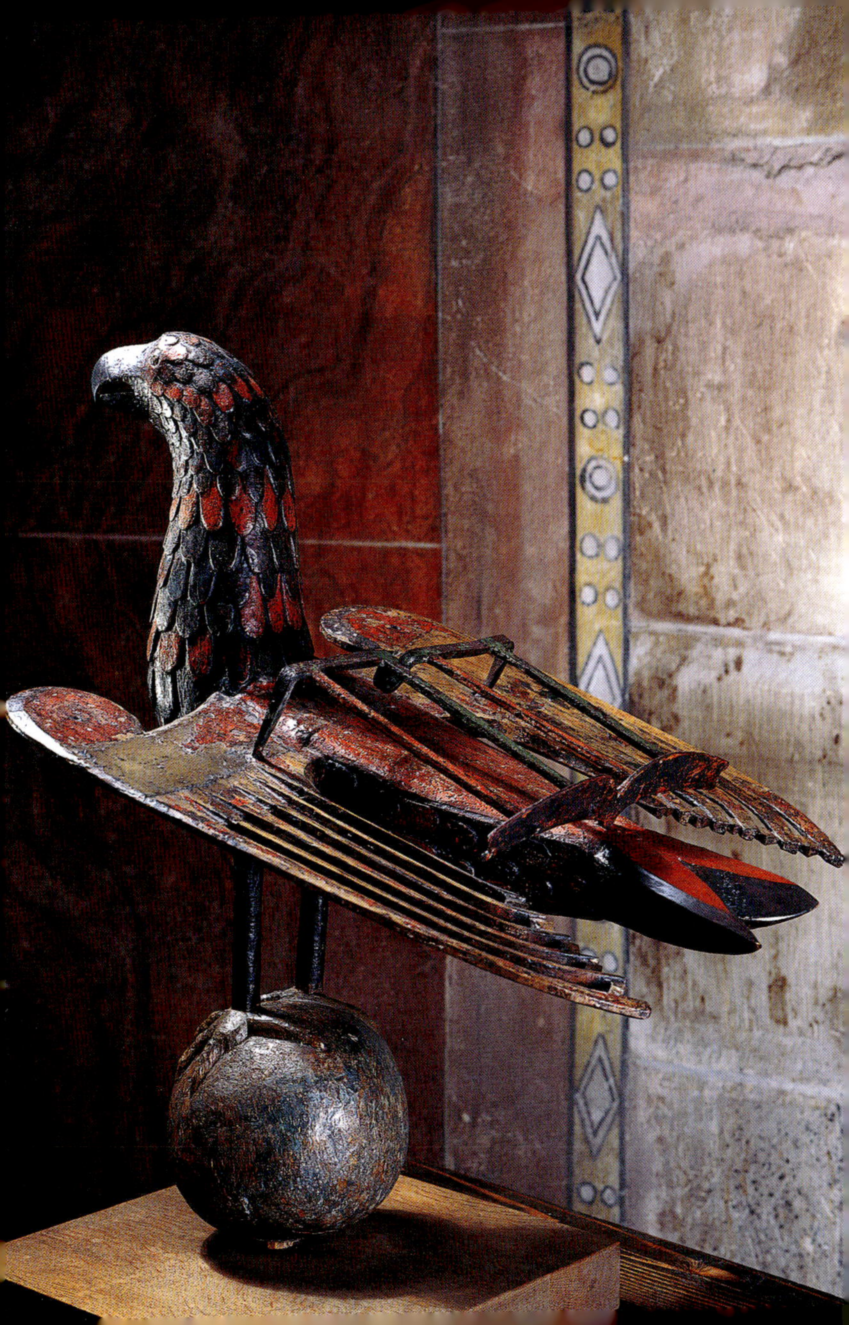

Neben dem Adlerpult existiert an Mobiliar nur noch der spätgotische Baldachin eines ehemaligen **Levitenstuhles** [**7**], der nach mittelalterlichen Vorbildern 1902 rekonstruiert und farbig gefasst wurde. Er befindet sich heute im Damenchor.

Im Kapitelsaal werden **zwei Altardecken** mit farbigen Seidenstickereien auf Leinen verwahrt, die aus der ersten Hälfte des 14. Jahrhunderts stammen. Eine der Decken ist nachträglich halbrund beschnitten und in dieser Form wohl zur Bekleidung einer Heiligenfigur verwendet worden. Im Zentrum steht die Maiestas Domini, darüber das Gotteslamm und in zwei Reihen die Apostel. In den unteren zwei Reihen wird in kleinteiligen Szenen das Leben Christi von der Geburt bis zur Darstellung der Trinität als Gnadenstuhl geschildert. Auf einem dazugehörigen Seitenteil ist die hl. Katharina dargestellt, so dass diese Altardecke möglicherweise für den urkundlich 1333 erwähnten Katharinenaltar bestimmt war. Die zweite Altardecke besteht aus 28 Bildfeldern, die das Leben Jesu von der Verkündigung bis zur Marienkrönung erzählen.

Der Anschluss Fischbecks an die Windesheimer Kongregation hatte neben den oben beschriebenen baulichen Veränderungen unter anderem den Auftrag zu einem besonders ausdrucksstarken Kunstwerk zur Folge: die Figur des **Christus im Elend** [**8**] aus dem 3. Viertel des 15. Jahrhunderts. Nach der Restaurierung 1903/04 fand sie ihre Aufstellung unter der Abfangung des nordöstlichen Arkadenansatzes; vorher war sie vermutlich auf dem Damenchor aufgestellt. Die spätmittelalterliche Frömmigkeitsbewegung legte besonderen Wert auf das individuelle Gebet und die private Andacht, bei der die Meditation über die Passion Christi im Mittelpunkt stand. In diesem Zusammenhang entstand das Andachtsbild des Christus im Elend, ein Thema, das besonders in Norddeutschland starke Verbreitung fand. Die streng symmetrisch aufgebaute Skulptur zeigt Christus nach der Entkleidung und unmittelbar vor der Kreuzigung. Die Beine sind gleichmäßig abgewinkelt, die Hände umfassen die Unterarme des jeweils anderen Armes, um die Handgelenke ist eine Fessel gelegt. Der Kopf ist ebenso wie der in sich gekehrte Blick leicht gesenkt. Auf dem Haupt trägt Christus eine breite, mit langen, dicht aneinandergereihten Nägeln besetzte Taukrone. Die flachen Unterlagen unter den Füßen deuten darauf hin, dass die Figur ursprünglich auf einem ansteigenden Erdhügel gesessen hat, und nicht, wie jetzt, auf dem später hinzugefügten Sockel. Neben der Darstellung des Weltenrichters ist

Christus im Elend, 3. Viertel 15. Jahrhundert

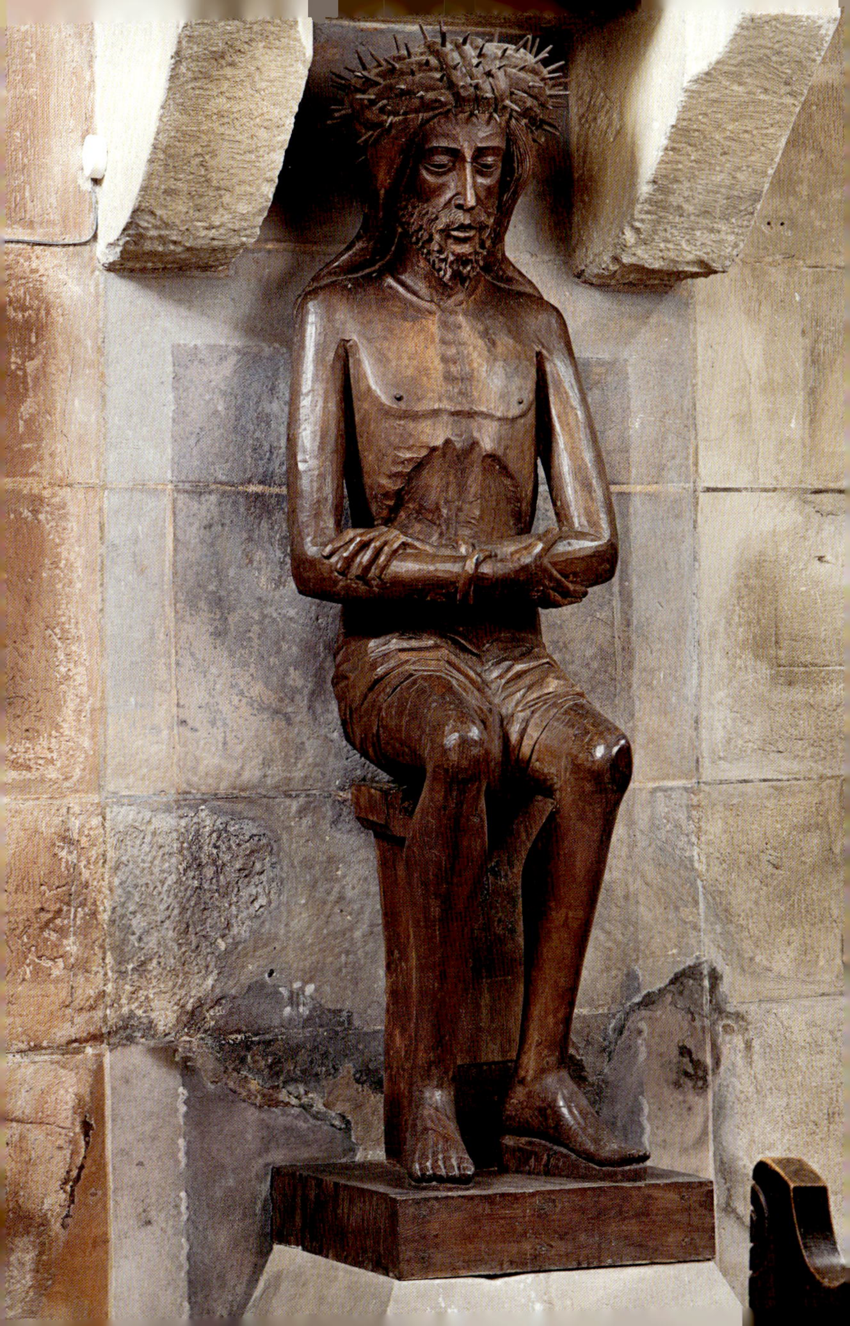

das Andachtsbild des Christus im Elend das am meisten verbreitete Sitzbild Christi. Die nur einem Herrscher zukommende sitzende Position wird bei diesem Bildwerk gleichzeitig zu einem Verweis auf die Erniedrigung Christi, der statt auf einem Thron auf einem Erdhügel oder Stein sitzt.

An den nördlichen Langhauspfeilern sind die Figuren des **Petrus und Paulus** [**9**] vom Anfang des 16. Jahrhunderts angebracht, die ursprünglich für den Altar in der Krypta bestimmt waren. Sie zeichnen sich durch einen reich geknitterten Faltenwurf der Gewänder aus.

Zu den nachreformatorischen Werken gehört der gewebte **Wandteppich** [**10**] von 1583 im Damenchor. Er entstand damit zu einem Zeitpunkt, als die Existenz des Stiftes äußerst bedroht war und die Schaumburger Grafen landesherrliches Kirchenrecht durchzusetzen versuchten. Der Teppich ist formal und inhaltlich in bewusst traditioneller Manier angefertigt, um auf die lange Geschichte des Stiftes und seiner Privilegien zu verweisen. Der Teppich wurde von Äbtissin Anna von Alten (1580–1587) und ihrem Kapitel in Auftrag gegeben, wie aus den Wappen an den oberen Ecken und dem unteren Rand hervorgeht. In sechs Medaillons ist die Gründungslegende dargestellt und mit erläuternden lateinischen Umschriften versehen. Anhand der Texte und Darstellungen ergibt sich folgende Legende: Helmburg reicht ihrem Mann Ricbert unwissentlich einen vergifteten Trank. Die Feuerprobe erweist ihre Unschuld, aber ihr Mann glaubt ihr nicht, und Helmburg und ihre Dienerin werden auf einen Wagen mit ungezähmten Pferden gesetzt. Als der Wagen nach wilder Fahrt zum Stehen kommt, wird durch einen Vogel angezeigt, dass hier ein Stift gegründet werden soll. Die letzten beiden Bilder nehmen Bezug auf geschichtliche Fakten: Helmburg erhält durch König Otto I. die Gründungsurkunde mit den dem Stift verliehenen Privilegien; das Kloster wird geweiht und der Konvent entsteht.

Die Fischbecker Legende bedient sich mehrfach typischer Legendenmotive als Hinweis auf die Hilfe Gottes bei der Niederlassung des Konvents. So weisen die ungezähmten Pferde, der plötzlich herabstoßende Vogel und der am Himmel erscheinende Stern auf den Ort, an dem die Gründung stattfinden soll. Auch das Motiv der Gründung, das Bestehen einer Prüfung und die Errettung aus großer Gefahr sind stets wiederkehrende Elemente von Legenden. Erst das fünfte Bild weicht von diesem Schema ab, indem es an die reale Geschichte anknüpft. Durch das Fehlen von Quellen ist die Entste-

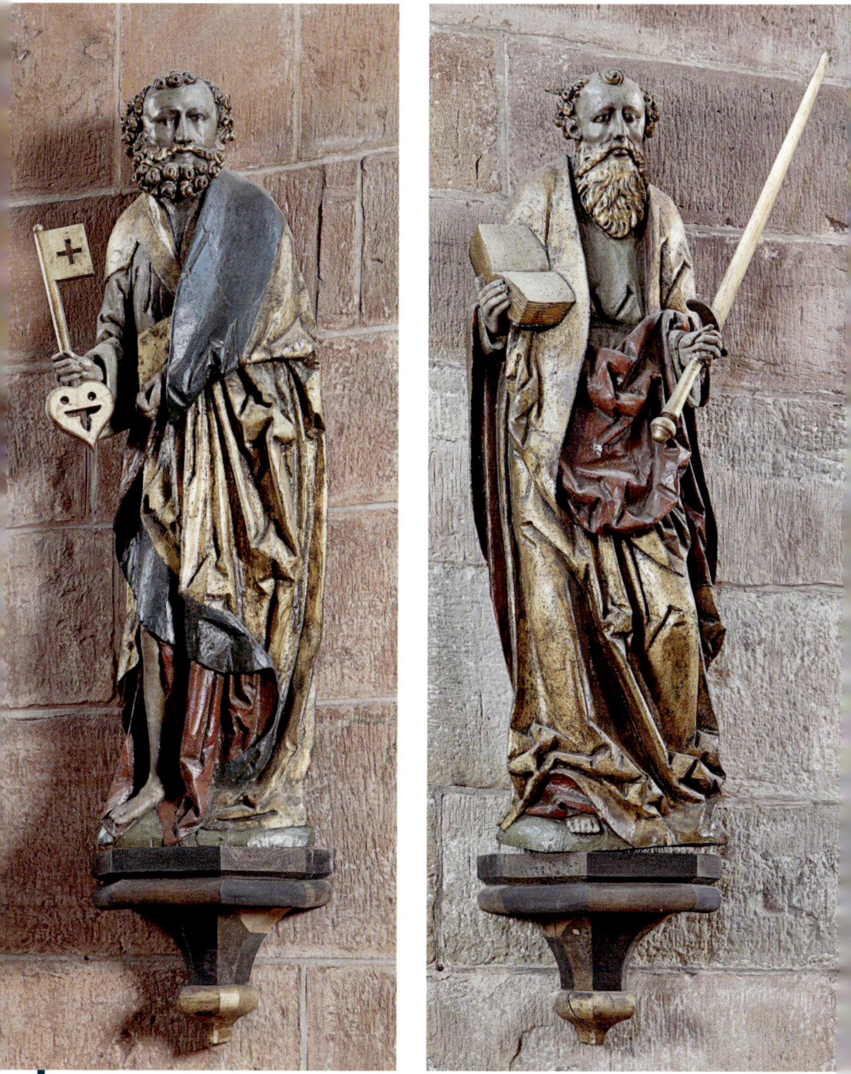

Petrus und Paulus, Anfang 16. Jahrhundert

hungszeit der Legende ungewiss. Aufgrund der für das 16. Jahrhundert altertümlichen Medaillonform und der fehlerhaften, schwer zu verstehenden Umschriften wird vermutet, dass es sich bei dem Teppich um die Kopie eines Vorgängers aus dem letzten Drittel des 13. Jahrhunderts handelt, als sich der Konvent durch die von der Kurie veranlasste Regulierung des Kanonissenstifts nach der Augustinerregel bedroht fühlte. In der mündlichen Überlieferung hat die Legende zahlreiche Variationen und Ausschmückungen erfahren bis hin zu dem Schauspiel von Manfred Hausmann, der die Legende 1955 für die 1000-Jahrfeier des Stifts neu interpretierte.

Für den Konvent wurde um 1600 im südlichen Querhaus ein eigener, dreigeschossiger, mit Roll- und Beschlagwerk geschmückter **Altar** [**11**] geschaffen, der die für das protestantische Bildprogramm typischen Darstellungen von Abendmahl und Kreuzigung zeigt.

Im Chor steht das 1615 entstandene **Taufbecken** [**12**]. Der Fuß des kelchartigen Beckens ist mit vier aufsteigenden Voluten verziert; am oberen Beckenrand befinden sich vier geflügelte Engelsköpfe, die nicht nur Dekoration sind, sondern die Aufgabe haben, die Taufe zu bezeugen.

Der **barocke Altaraufsatz** [**13**] über dem mittelalterlichen Altartisch war ursprünglich zweigeschossig. Über dem Altarbild befand sich eine rundbogige, von reichem Akanthusblattwerk umgebene Nische, in der eine Figur Johannes des Täufers stand (jetzt im Johannesgang), die von den Peter- und Paul-Figuren (jetzt im Langhaus) flankiert war. Bekrönt war das Altarretabel mit einem Kruzifix aus dem 16. Jahrhundert. Die heutige Kreuzigungsdarstellung wurde 1874 von dem Dresdner Maler Karl Andreä geschaffen. Zwei ursprünglich zu dem Altar gehörige Wechselbilder befinden sich in der Sakristei. Ihre Themen sind die Eherne Schlange und die Madonna auf der Mondsichel.

Die 1710 entstandene **Kanzel** [**14**] ist in den Feldern des sechseckigen Kanzelkorbes sowie am Schalldeckel reich mit Akanthus geschmückt. Unter dem Schalldeckel befindet sich die Taube des Heiligen Geistes. Der gedrehte Fuß und der Zugang zur Kanzel gehen auf jüngere Veränderungen zurück, bedingt durch die Verlegung der Kanzel auf den Chor.

Fünf Gemälde mit Motiven aus dem Leben Christi sowie zwei Gemälde mit Tugenddarstellungen aus der Zeit von 1677 bis 1683 hängen heute im sogenannten Johannesgang. Sie wurden von Kapitularinnen gestiftet, deren Wappen sich auf den Bilderrahmen finden.

Barocker Altaraufsatz im Hochchor von 1709

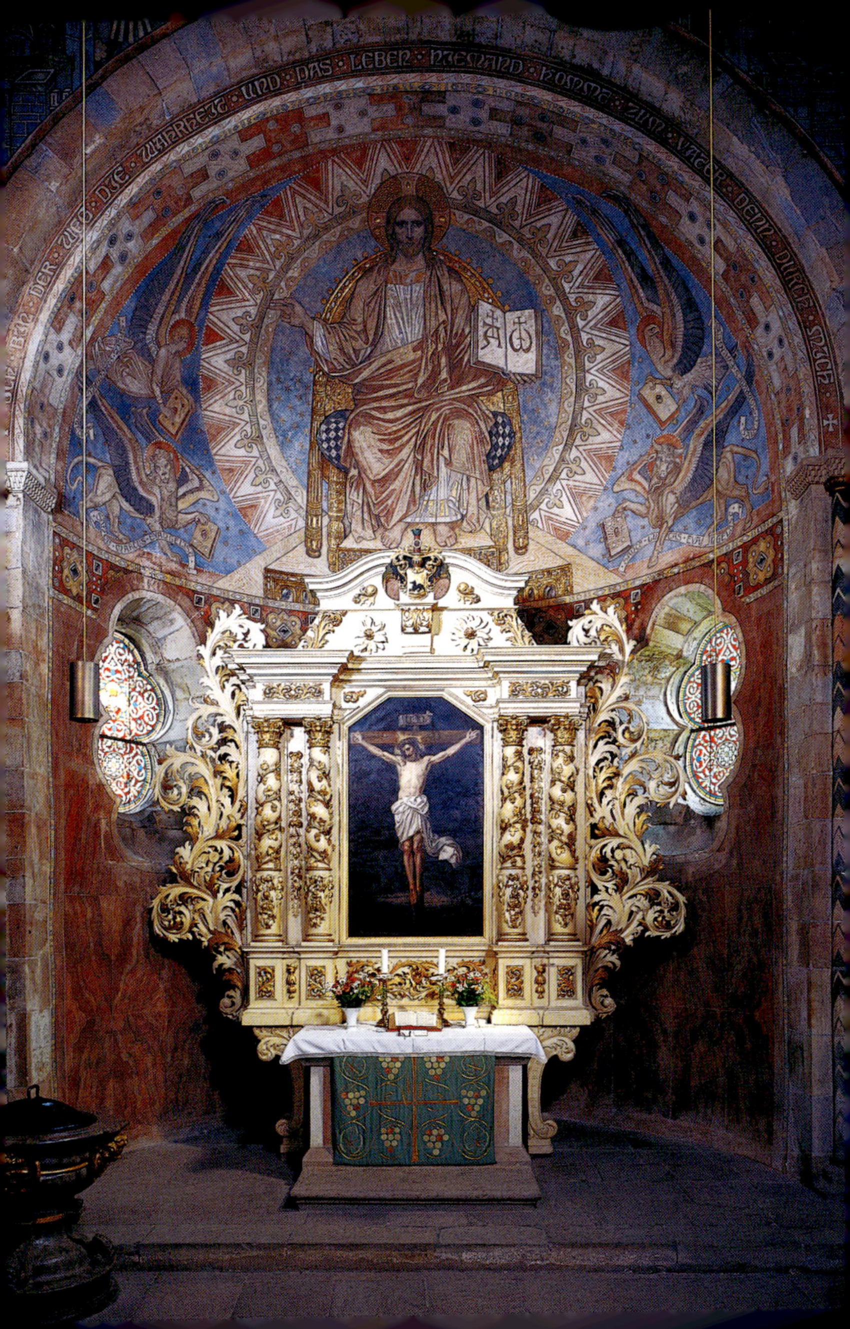
BIN DER WEG DIE WAHRHEIT UND DAS LEBEN NIEMAND KOMMT ZUM VATER DENN DURCH MICH

Stiftsgebäude

Klausur

Südlich der Kirche liegt der ehemalige **Klausurbezirk**. Hier befanden sich, gruppiert um den Kreuzhof, die Wohn- und Wirtschaftsgebäude von Äbtissin und Kapitel. Im Ostflügel des Gevierts lag in monastischer Zeit das Abteigebäude, das 1848 abgerissen und durch ein neues Gebäude mit Wohnungen für Stiftsdamen ersetzt wurde. Der erhaltene Westflügel ist vermutlich in der zweiten Hälfte des 13. Jahrhunderts errichtet worden und beherbergte im Obergeschoss den langgestreckten Schlafsaal der Nonnen und im Untergeschoss den Kapitelsaal des Stifts. Durch einen an der Nordseite des Schlafsaales gelegenen, heute vermauerten Durchgang gelangten die Konventualinnen über eine Holztreppe auf die Westempore der Kirche, wo sie ihren Gebetsdienst verrichteten. Der ebenfalls erhaltene Südflügel fügt sich als ein etwas niedrigeres Gebäude zwischen den mit breiten Südgiebeln abschließenden Klausurflügeln im Osten und Westen ein. Im zweigeteilten Erdgeschoss befanden sich Feuerstätte, Küchenräume und das Refektorium. Im 16. Jahrhundert verlegte man nach Einbau einer Heizung den nun als Remter bezeichneten Speisesaal der Nonnen in das Obergeschoss des Gebäudes.

Der heute dreiflügelige – ehemals vierflügelige – Kreuzgang diente den Nonnen als Andachts- und Prozessionsraum. Der südliche Flügel des Kreuzgangs wurde im Jahre 1784 gänzlich abgerissen. Zum begrünten Kreuzhof öffnet sich der Gang mit drei Portalen und Maßwerkfenstern. Die Fenster zeigen frühgotische Bogenabschlüsse über den noch aus romanischer Zeit stammenden Mittelsäulchen. Nach dem Brand der Stiftskirche von 1234, von dem auch der Kreuzgang betroffen war, wurden die Arkadenbögen neu aufgeführt und die alten Säulen wiederverwendet. Die einfachen Blockkapitelle sind auf der westlichen, die aufwendiger gestalteten Kapitelle auf der Ostseite eingefügt. Westlicher und nördlicher Flügel des Kreuzgangs sind zweigeschossig errichtet und im Obergeschoss als breite Gänge dem Nonnenschlafsaal und der Kirche vorgelagert (sogenannter Johannes- und Priechengang). Auch der östliche Flügel des Kreuzgangs war ehemals zweigeschossig und verband die alte Abtei im Ostflügel mit dem Remter.

Außer den Räumen der Klausur sind aus dem Mittelalter eine Krankenstube und ein Armenhaus bekannt. Die beheizbare Krankenstube befand

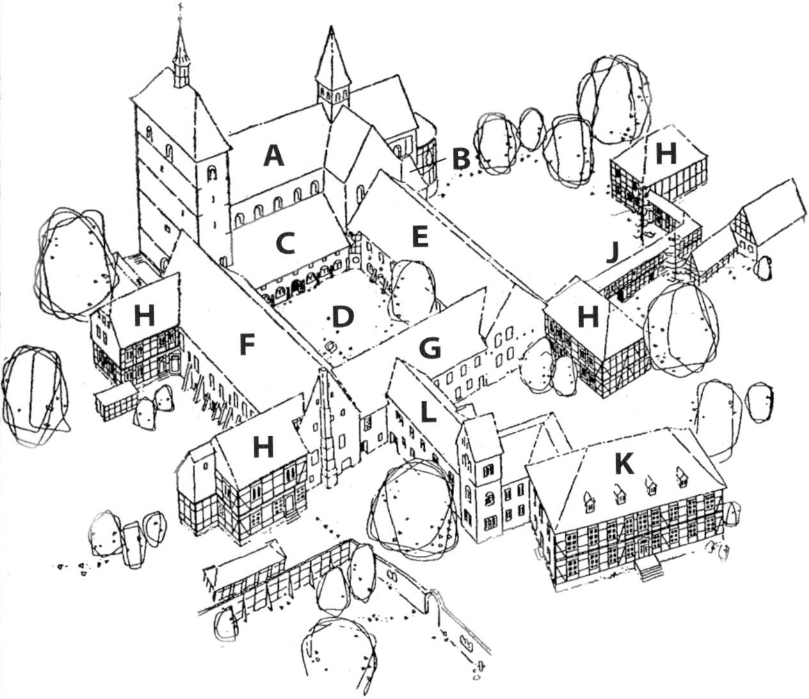

Isometrische Darstellung der Stiftsgebäude

A Romanische Stiftskirche
B Sakristei
C Kreuzgang
D Kreuzhof
E Wohnungen für Stiftsdamen (ehem. Abteigebäude)
F Westflügel (ehem. Kapitelsaal und Schlafsaal der Nonnen)
G Südflügel (ehem. Refektorium und Küche)
H Wohnungen für Stiftsdamen
J »Langer Gang«
K Abteigebäude
L Kerssenbrockbau

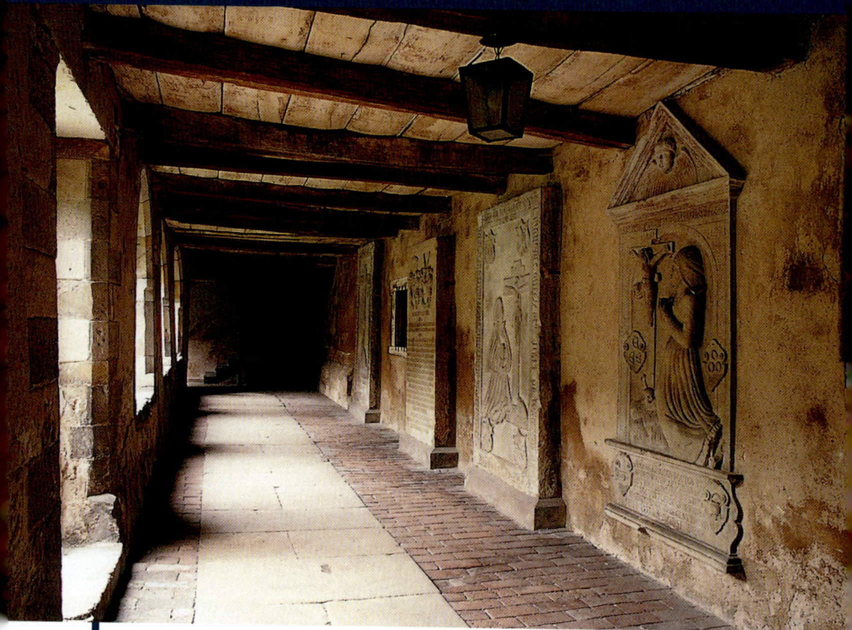

Kreuzgang

sich im Obergeschoss des Nonnenschlafsaales. Ebenfalls nicht mehr vorhanden ist eine an der Südseite des Hochchores von der damaligen Äbtissin Sophia II. (1307–1319) für ihre private Andacht errichtete Marienkapelle.

Wohnungen der Stiftsdamen

An den beschriebenen Kernbezirk des Stifts schließen sich verschiedene, in nachreformatorischer Zeit entstandene Wohngebäude an, die im Unterschied zur massiven mittelalterlichen Bauweise in Fachwerk errichtet sind. Spätestens mit der Reformation und der damit verbundenen Aufhebung des klösterlichen Gemeinschaftslebens setzte sich im Stift das Wohnen in abgeschlossenen Unterkünften durch. Drei Einzelwohnungen wurden innerhalb der Klausur im Nonnenschlafsaal und im Ostflügel eingerichtet, vier weitere entstanden als freistehende, an den Klausurbezirk angefügte Gebäude.

Zwei der nach der Reformation errichteten neuen Häuser für Stiftsdamen entstanden als Anbauten westlich vom Nonnenschlafsaal. Ein drittes Haus schloss sich an die Südostecke des alten Klausurbezirks an. Das vierte, das ehemalige Jägerhaus des Stifts, hatte seinen Platz – durch den sogenannten Langen Gang mit der Klausur verbunden – im Osten der Stiftsgebäude. Gegen Ende des 17. Jahrhunderts wurden die durch die Wirren des Dreißigjährigen Krieges in Mitleidenschaft gezogenen Häuser renoviert und umgebaut beziehungsweise in der ersten Hälfte des 18. Jahrhunderts neu errichtet. Alle Häuser sind zweigeschossig angelegt. Im Erdgeschoss befanden sich die Wirtschaftsräume, die Stallungen für das Federvieh und die Vorratsräume für die Naturaldeputate, im Obergeschoss die Wohnräume der Stiftsdamen.

Abteigebäude

Im Verlauf der Stiftsgeschichte wurden drei verschiedene Abteigebäude erbaut. Als Ersatz für die erste im Ostflügel der Klausur gelegene Abtei ließ Äbtissin Sophia Dorothea von Mandelsloh (1663–1673) während ihrer Amtszeit südlich des alten Remters ein neues Abteigebäude errichten. Mit diesem Neubau rückte die Abtei aus dem alten Klausurbezirk heraus.

Nur gut einhundert Jahre blieb die zweite Abtei Amtswohnung, bis im Jahre 1783 Äbtissin Elisabeth Sybille von Dincklage (1783–1799) ein drittes, weiter südlich gelegenes Abteigebäude errichten ließ. Das spätklassizistische, in Fachwerkbauweise errichtete Gebäude mit kleiner Freitreppe ist bis heute Wohnsitz der Äbtissin. Im Obergeschoss befindet sich der Kapitelsaal, im Untergeschoss sind die Räume der Verwaltung und die Wohnung des Amtmannes untergebracht.

In den Jahren 1888/89 ließ Äbtissin Lucie von Kerssenbrock (1884–1899) das Verbindungsstück vom Klostergeviert zur neuen Abtei als Wohngebäude für Stiftsdamen errichten.

Nebengebäude

Die Angestellten des Stifts bewohnten seit früher Zeit von Gärten umgebene Einzelwohnhäuser. Noch heute gruppieren sich die Gebäude von Pfarrhaus, Organisten- und Küsterhaus, Kantor- und Lehrerhaus sowie die Schule nördlich der Kirche um den alten, bis 1825 genutzten Kirchhof der Kirchengemeinde Fischbeck, heute Helmburgisplatz.

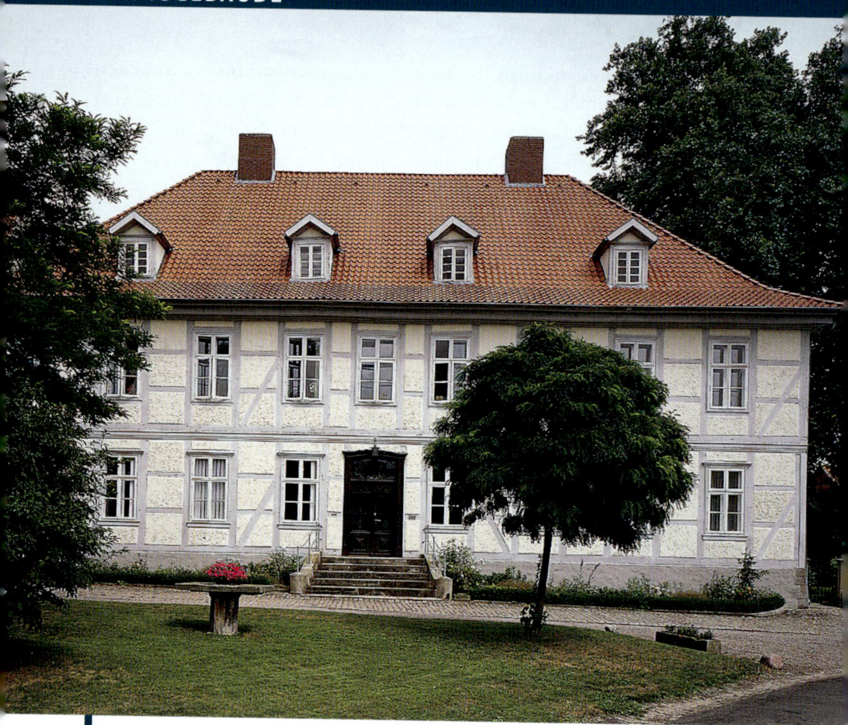

Abteigebäude von 1783

Die auf dem großen Stiftshof gelegenen, ehemals mit Strohdächern gedeckten Häuser von Pförtner, Amtmann, Förster und Schäfer haben die Zeiten nicht überdauert. Am Standort des ehemaligen Pförtner- und Amtmannshauses wurde 1868 ein Pächterwohnhaus – heute Torhaus genannt – errichtet. Von der ehemaligen Stiftsmühle ist nur noch das Wohnhaus des Müllers erhalten.

Die noch vorhandenen Wirtschaftsgebäude (Schafstall und Viehstall) stammen aus dem ausgehenden 19. Jahrhundert. Die große Zehntscheune von 1719 wurde nach einem Brand im Jahr 1991 wiederaufgebaut. Lediglich die im Süden der Stiftsanlage gelegene kleine Zehntscheune von 1730 bewahrt noch den Charme der ursprünglichen Fachwerkbauweise.

Birgitta Falk, Der Fischbecker Kopf, in: Die Weser. EinFluss in Europa. (Ausstellungskatalog Museum Hameln, Bd.1 Leuchtendes Mittelalter), hrsg. von Norbert Humburg und Joachim Schween, Holzminden 2000, S.108–125.

Hans-Walter Krumwiede, Das Stift Fischbeck an der Weser. Untersuchungen zur Frühgeschichte 955–1158 (Studien zur Kirchengeschichte Niedersachsens 9), Göttingen 1955.

Hans-Walter Krumwiede, Heinz Meyer-Bruck, Das tausendjährige Stift Fischbeck, Göttingen 1955, 2. Aufl. 1977.

Renate Oldermann, Die Geschichte der Orgel in der Stiftskirche zu Fischbeck, in: Acta Organologica 27, Kassel 2001.

Renate Oldermann, Die Stiftskirche zu Fischbeck: Baugeschichte und Ausstattung nach der Reformation, in: Jahrbuch der Gesellschaft für niedersächsische Kirchengeschichte 99 (2001).

Renate Oldermann, Catharina v. Rottorp, Anna v. Alten und Agnese v. Mandelsloh (1556 bis 1625). Drei nachreformatorische Äbtissinnen im Stift Fischbeck, in: Jahrbuch der Gesellschaft für niedersächsische Kirchengeschichte 100 (2002).

Renate Oldermann, Die Stiftsprediger in Fischbeck seit der Reformation (1557–1964), in: Jahrbuch der Gesellschaft für niedersächsische Kirchengeschichte 102 (2004).

Renate Oldermann, Stift Fischbeck – Eine geistliche Frauengemeinschaft in mehr als 1000jähriger Kontinuität (Schaumburger Studien 64), Bielefeld 2005, 2. Aufl. 2010.

Brigitte Poschmann, Das Stift Fischbeck zwischen Kaiser, Papst und Graf, in: Heimatblätter Hessisch Oldendorf 6, Rinteln 1991, S. 24–39.

Brigitte Poschmann, Armgard von Reden. Äbtissin des Stiftes Fischbeck (1452–1482), in: Geschichte der Schaumburger Frauen (Kulturlandschaft Schaumburg 6), hrsg. von der Schaumburger Landschaft, Bielefeld 2000, S. 11–49.

Heinrich Siebern, Fischbeck, in: Die Bau- und Kunstdenkmäler im Regierungsbezirk Cassel. Bd. 3, Kreis Grafschaft Schaumburg, bearb. von Heinrich Siebern unter Mitarbeit von H. Brunner, Marburg 1907, S. 41–50.

Urkundenbuch des Stiftes Fischbeck. Teil I: 955–1470, Teil II: 1471–1559 (Schaumburger Studien 39 u. 40), bearb. von Heinrich Lathwesen und Brigitte Poschmann, Rinteln 1978/1979.

Sabine Wehking, Christine Wulf, Die Inschriften des Stifts Fischbeck bis zur Mitte des 17. Jahrhunderts, in: Festschrift für Karl Stackmann, Göttingen 1990.

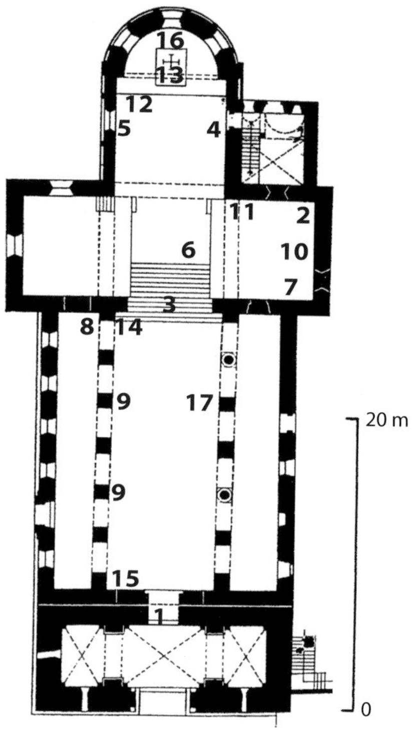

1 Tympanon (1. Hälfte 12. Jh.)
2 Johanneskopfreliquiar (Kopie)
3 Triumphkreuz (Mitte 13. Jh.)
4 Holzbildwerk der Stiftsgründerin (Helmburg? 1. Hälfte 14. Jh.)
5 Epitaph Graf Adolf VII. von Schaumburg (1361)
6 Adlerlesepult (14. Jh.)
7 Baldachin eines ehem. Levitenstuhls
8 Christus im Elend (3. Viertel 15. Jh.)
9 Petrus- und Paulusfiguren (Anfang 16. Jh.)
10 Wandteppich mit Gründungsgeschichte (1583)
11 Altar (um 1600)
12 Taufbecken (1615)
13 Altar (1709)
14 Kanzel (1710)
15 Orgel (1734)
16 Wandmalerei in der Apsiskalotte (1904)
17 Hl. Christophorus (1904)